大展好書 好書大展

大展好書 好書大展

社會人智囊
21

感性培育術

黃靜香 編著

大展出版社有限公司

前言

「感性」這句話開始流行只是近二、三年前而已。最近，在企業社會中把東西製造出來銷售的過程中，「要更加重視消費者的感性」，這種訴之於感性的說法，日常生活中常可見。

這時候所用之「感性」通常是指「感覺」或是「直感力」。但是，有些人能在工作的過程中很快地就發現問題，也就是將問題發現的能力，當作是「感性」來使用，這種情形也是時而有之。「感性」這句話雖然非常廣泛地被使用，但是對這句話的感覺也會因人而異的，所以在本質上似乎就有些模糊不清。

因此，對於「感性」這種含糊不清之本質，因而有人說「自己的感性很遲鈍」或說「自己沒有感性」，心中有如此想法的人亦不少。而指出「現在是感性的時代」、「一切需靠感性」，這些話若是對那些無法眞正了解「感性」的人來說，可就無任何用處了。所以，今日不可再像從前對「感性」有模糊不清之感，然而，何謂「感性」呢？關於這點，那麼如何磨練「感性」則是極爲必要的。

由此爲出發點「感性」是什麼呢？而「感性」又是在何種結構下成立，要如何做才能有更加銳利的「感性」，這就是我用專門的心理學觀點來解決此問題，也是本書最大的宗旨。至於，詳細的内容將會在書中有所敍述。首先，將讀者許多誤解的狀況，在此書將會一一解明。而認爲「感性」就是天生具備之能力及素質，有此想法的人確實也很多。的確，從藝術家的家庭來看，在血統上來說他們好像讓人感覺有感性的存在，但眞是如此嗎？

老實說，就連我本身也不認爲自己很具「感性」，倒是覺得自己是個缺乏直感力的人，但就因爲如此我才能以客觀冷靜的態度去看「感性」，並且用客觀冷靜的方法來分析「感性」，而從以上分析出的答案，可知「感性」絕不是天生所具備之能力。

有人一聽到「感性」，就認爲是天生的能力，倘若有如此想法的人，想必一定認爲自己不是一個有「感性」的人，於是，將原已深植的「感性」之芽連根拔起，若是如此，極爲可惜的。感覺心理學所研究的結果，認爲人人都具有「感性」，但卻要端視其作法及其所下之功夫如何？而磨練出「感性」來。所以對於想知感性之磨練法以及迫切想知自己如何能磨練感性，或者是心中感覺不安的人，那麼請詳讀本書吧！同時利用感覺心理學去了解「感性」的廬山眞面目和磨練方法，以此做爲明瞭「感性」的啓蒙，並更加的努力去提高自己的「感性」。

如果經由本書使得更多讀者之「感性」得知更多的磨練，並能善加運用在企業上和工作上，這便是作者最大的願望。

目　錄

3 從感覺心理學中所表示出的感性磨練法—八原則

序言——你是否認爲自己的「感性」很遲鈍呢

對「感性」能有所了解，即是磨練感性第一步

「到底自己是否真具有感性呢？」「感性要如何才能磨練出呢？」大多數的企業家都抱有這些疑問，由於「感性」這句話往往被用於模稜兩可之意上，而另一方面，具有時代之「感性」確實有其必要性，所以，到處都高喊著磨練感性是極爲重要的口號。那麼究竟何謂「感性」呢？如果對「感性」不了解的人，想必更不知如何去磨練感性。因此，我們必須對「感性」有真正的體會後，才能確實提高「感性」。

在此我將自己所研究的感覺心理學作進一步的說明。我曾經測驗過時代的感性，那就是在一九八三年所舉辦的對校園服飾所做的形像測定檢查。

首先，對於牛仔褲、長褲、熱褲等等穿在下半身的衣服三十三種，和上半身衣服組合成三十五種的彩色照片，將其分送給二十二名男性，七十一名女性的大學生，一人一張，請每人將自己對於下半身衣服的形像，事先以準備好的五十種形容詞，依程度之不同予以表現。例如：「極爲調和的」、「不均勻的」、「笨重的」、「輕便的」等等之形容詞。

從九十三名大學中所得之形容詞的關連性，再利用主因子分析法用「華麗還是純樸」、「容易親密還是不易親密」、「是輕便還是高貴」等三種基準（等於是代表的形容詞）來分析，那麼對各種衣服的形像，可依決定而得到成果。然後再將結果按照座標軸來表示，如下頁之圖：就是先將前面所提的三種基準，標示於座標軸上，然後再將各種衣服的位置也一一標示出來，原本應該是成爲一立體圖的，但是，在此爲了方便起見，將其分成二個圖來看。

例如：長裙是屬於非常不易得到親密而又極爲華麗，同時它也屬於相當高貴。由此二圖可以清楚地看出。所以說長裙是比那些熱褲、長褲等較屬於不易得到親密的衣服。因此其他衣服的形像也可以依圖而得到比較了。

「官能檢查」也是測量感性的一種方法

這種適用於感覺心理學現場的檢查方法稱之爲「官能檢查」。雖然名稱上冠有「官能」二字，但也可稱爲「感性檢查」吧！而這種測量「感性」的方式，稱之爲「用尺來測量出感性」，也就是將感性以「尺」這個字來予以測量。

前面所介紹的有關衣服的檢查，主要想測驗當時學生對衣服的平均形像，換言之，想

●衣服的形像可以測量

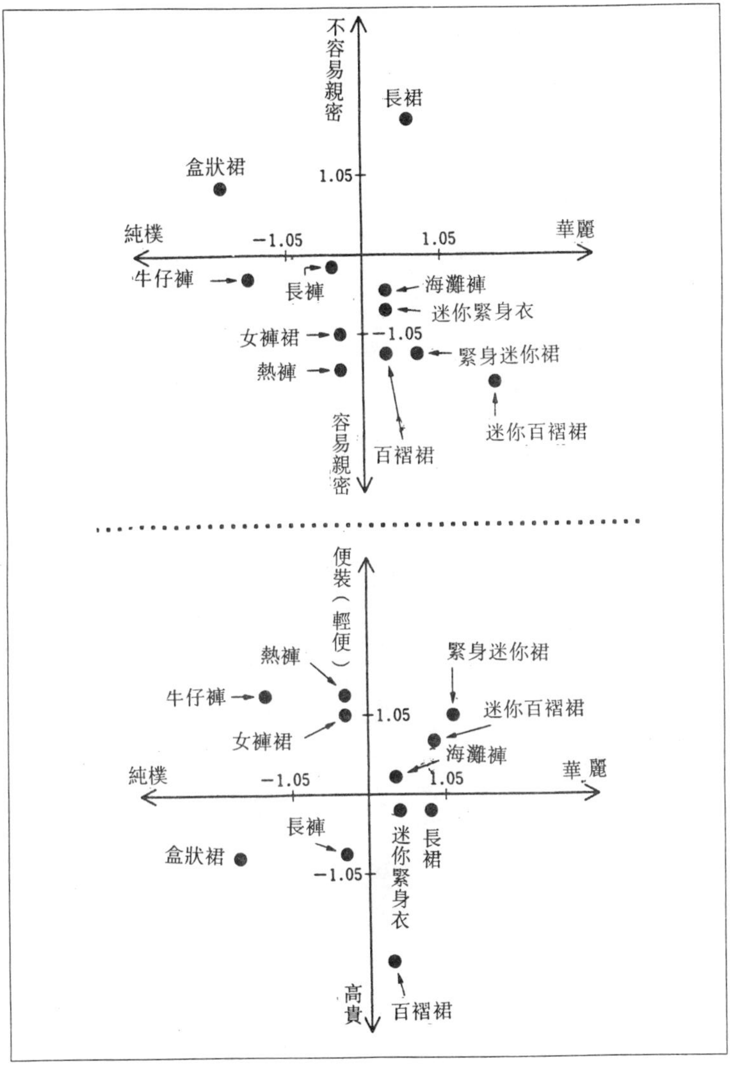
不容易親密
長裙
盒狀裙
1.05
純樸
−1.05
1.05
華麗
牛仔褲
長褲
海灘褲
迷你緊身衣
女褲裙
−1.05
緊身迷你裙
熱褲
迷你百褶裙
容易親密
百褶裙
便裝（輕便）
熱褲
緊身迷你裙
牛仔褲
1.05
迷你百褶裙
女褲裙
海灘褲
純樸
−1.05
1.05
華麗
長褲
迷你緊身衣
長裙
盒狀裙
−1.05
高貴
百褶裙

透過衣服檢查測驗，來觀察出代表時代年輕人的「感性」。或者可用「時代的感性」或「感覺」來稱呼亦可。那麼究竟每人所有的「感性」是什麼呢？並且真有測量「感性」的尺嗎？

對於在感覺心理學現場所得的成果，我們開始來解開「感性」的真面目吧！請大家再回想前面所提的衣服檢查測驗，參加測驗的學生從看到衣服的照片，到判斷衣服的形像，當中所經過之過程，我認爲如果我們能深入去解明其中的過程及內容，便可發現「感性」的真面目了。

同時，對於衣服檢查的經過，是每人在日常生活中就經常在不知不覺做了這件事，所以只要我們能稍微多下功夫來加以訓練，那麼每人都可能因此而提高自己的感性。欲知詳細情形請觀看本文之內容。

在此我們亦可藉著本書的內容來測驗自我「感性」，或直感力是否正確可靠呢？現在就請做做以下之測驗吧！

〈感性測驗之一〉

首先，請先準備五枝鉛筆。雖然鉛筆可分H、HB、B等好幾種，在此我們以H爲比

你能了解鉛筆的粗細嗎？

喻，則我們需準備好H、2H、3H、4H、5H等五枝鉛筆。然後將準備好的鉛筆中印有H或2H等之粗細標示部分，以膠帶覆蓋起來，如此一來，就看不出鉛筆的粗細標示，並且在膠帶上再貼上A、B、C、D、E等不同的記號。另外，再準備一張白紙，將A至E的每枝鉛筆按照順序並用相同的力量，在紙上畫上五條縱線，並在每條縱線上按A～E順序標上記號。然後再來判斷那條縱線是用H或用2H等的鉛筆所畫的。而當你在畫線條時，你是否能感覺出這個硬度是屬於幾H的鉛筆呢？換言之，你能否了解鉛筆的種類？

最後，當測驗完後，再將貼在鉛筆上的膠帶撕下來，並對照自己是否猜對了。

希望來參加挑戰吧！

上面的測驗我將它當作是感覺心理學的最初步訓練，也是我對於測量「感性」的目標之做法。所以，當我在大學上課時，曾經要學生也做這測驗，但卻使許多參加測驗的學生感到傷腦筋。其實像這種測驗不論在何時或是何人都可進行的，然而究竟測驗和你的「感性」有多少相關的關係呢？請慢慢閱讀本書，也許就能了解。

究竟「感性」是由何種要素所構成的，現在我們就這方面來進行詳細的說明。

1

感性是由三種要素所構成的

(1) 光憑感覺是無法了解「感性」的實際面貌

經常可聽聞，但其實體卻極為模糊的「感性」，究竟是什麼呢？

最近我們經常會聽到「感性」這一類的話，例如：當我們打開報章雜誌常會看見像「感性人間」、「感性教育」、「女性的感性」等等的字句出現。甚至在車廂中的廣告也會看見「感性商品」的這種名詞來當作宣傳海報。另外，在我們打開電視時也可能聽到播音員在說「利用感性的新商品」的這類廣告字句。由此看來，很可能在不久的將來，整個社會將會被感性的人間或感性商品等等所淹沒。

因此對於「感性」這句話，可以說在我們日常生活早已被普遍的使用著，但可惜的是對於這句話的含意，卻很少有人進一步地去探討。

假若有人問你「感性」是什麼的時候，你將如何的回答呢？或許有人會用「感性就是感覺」這樣子回答，但也許有些人用「feeling」，換言之就是感覺」的回答吧！也許又有人用「Image，印象」、「和理性是相反的意識」、「問題發現的能力」、「啓發直感」等等的回答。

這些答案似乎都没太大的錯誤，然而，很遺憾的，也都不是正確的答案。坦白地說，感性究竟是什麼？並没有正確的解答。

因此在這種情況下，不論你如何高呼「要磨練感性」，很可惜的只會成爲一個空口號而已。所以，要培養感性、運用感性，首先，要了解感性的真面貌才是最正確的。

或許有些讀者會有「到底感性是什麼呢？不要再賣關子了吧！用深入簡出的方式來說明」的想法，當然作者將會一一詳細的說明，但先請讀者們再仔細回想前面所提過的測驗吧！

對於鉛筆的測驗，我是以「感性度」來做爲說明。那麼在進一步探討感性是什麼之前，相信已有很多人發覺，這種測驗並不是感性測驗，而只是在做「感覺的調查」罷了。

如果能發覺到這點的人，可以說是向感性的真面目跨進了一大步，感性和感覺並不是完全相同，而有點似是而非，有關這點，後面會詳加說明。但是在說明之前，請諸位仔細觀看二十一頁的照片十秒鐘吧！

感性和感覺有何差別？

看完這張照片有何感覺呢？

或許有人會想這只是一幅「池塘的風景」而已，而有人會認爲「這只是一張黑白的照片，並且有一部分已受損了」、「照片中停著許多小艇」這種感覺吧！但也許有人的感覺是「好美麗的風景」，此外也有人內心所感覺的是「看了這張照片後，心情會感覺寧靜」、「很想到照片的地方去觀賞一下」等等各種的感覺出現。

現在，我們姑且將你現在的感覺當作是感性來說吧！雖然聽到以上的回答，每人都不一樣，然而他們之中的共同點就是指都用眼睛看過後產生出「什麼」觀點吧！而所謂的「什麼」，也可以說就是「感性」。

的確，就感性來說，假若在看完這張照片後，只是回答「是池塘的照片」如此而已，就很難稱之爲「感性」。換言之，那只是憑視覺的感覺器官得到情報後，替換成語言而敘述出來罷了。另外如回答「有樹木」或是「停有許多小船」等想法，這種感覺法也和前面所說是相同的。

●請看此照片10秒鐘

換句話說，感性較感覺更爲廣泛。的確，在感性中感覺占有相當大的比例，然而感覺並不等於是感性，僅是感性的一部分而已。因此，我們不可光憑感覺就是感性，如此簡單說法來說明感性的。

如果說感性不僅僅是感覺而已，又另有其他的要素構成的，那麼，若想明白這些其他的要素，就需要我們更進一步地去探討。所以，只要我們能知道其他的構成要素，則感性的真面貌也就會浮現了。然而究竟感性除了感覺外，是由那幾種要素所構成的呢？

相信大部分聰明的讀者，早已有所發覺了吧！對了，這個答案就是「感情」。例如，在看過了前面的照片後，說出「好美麗的風景」，「自己也想到照片中的地方去觀賞」等除了憑視覺感覺外，還有種說不出的情感湧出而產生的感覺，這種人應該也是很多。

於是，感覺和感情的綜合性想法，就是指此人的獨特感，也就是感性。所以說感性就是等於「感覺加感情」。

需要特別注意的是感性除了以上二種要素外，還有好幾種的組成要素，關於其他的要素，後面會詳細說明。但是在此，請讀者先記住，感覺和感情是感性的主要構成要素。

感覺敏銳的人，並不一定是感性豐富

感性就是感覺加感性所構成的，前面已說過了。然而，到底感覺對感性會有何影響及作用呢？針對這方面我們來進行探討。

在日常生活中只要一提到感覺，就是指看（視覺）、聽（聽覺）、聞（嗅覺）、嚐（味覺）及皮膚觸感（皮膚感覺）等五感。日常人類在做任何事時，不是只用單一的感覺，而是將眼、耳、鼻、舌、皮膚等五種感覺綜合使用，然後再對準對象物，來處理情報。平常你是否也用多重性的綜合運用來判斷意識呢？

例如當我們到咖啡館時，我們就以咖啡來做說明，首先在我們進入咖啡館會看見咖啡杯的形狀及色彩，然後會看到咖啡的顏色，而此時可由看見的色彩濃淡，而能想像這杯咖啡的濃淡或是苦澀的，有如此的想像經驗的人也應該是極多數吧！

芳香，當然也是判斷材料的一大要素。於是當我們泡了咖啡啜飲一口後，對於我們剛剛臆測的答案是否正確就可得知了。如果和自己原先所判斷的味道是相同的，心中就會有滿足感，相反的若不正確，則會有不滿的情緒出現。

因此，人們會輕易地認爲，這些一連串的判斷都是由五感的綜合運用。所以，各種感覺在情報處理方面的能力是對等的。但是，實際上並非如此。例如：當視覺和其他的感覺同時被使用時，視覺會較其他的感覺優先。

有關這方面的說明，並不是只有像咖啡這類食物的例子而已。譬如：在某地的夏日夜晚，有人向天空發射煙火時，能夠迅速的判斷出方向及距離，是需要經過相當的訓練才能達到的。

兩側的耳朵猶如二個雷達，對於要判斷聲音發出的地方，就需要和音源連接在一起做成三角測量，然後才能知道音源的方向和距離。然而由於兩個雷達非常接近，所以當音源近的時候，可輕易測出聲音的方向和距離，但若音源是由太遠的地方所發出的，那麼耳朵也就無法發揮出雷達的機能了。

絕大部分，當我們聽見發射煙火的時候，卻只能了解其大概的方向，然後將頭轉到天空，用眼睛去尋找其位置，之後，等真正看見夜晚天空上的一個角落有煙火散開時，我們似乎才會感覺心安。

而更爲明顯的例子，就是在篩選纖維的場所中常可見到的。纖維的品質主要是有材料和編織方式，而色彩倒是其次。一般人通常都是先用手去觸摸東西，再由接觸中獲得感覺。

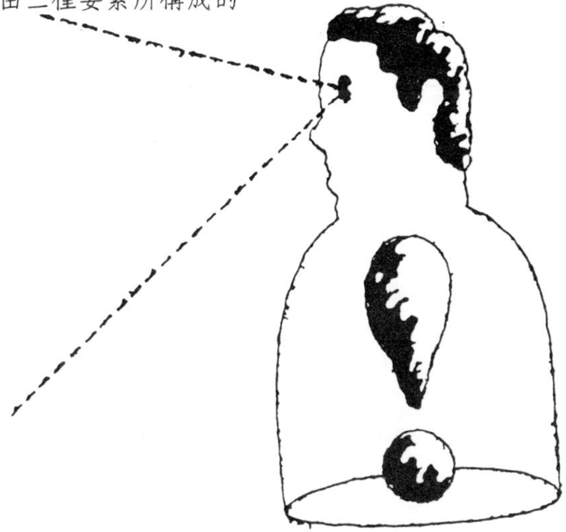

從視覺得到的情報被優先處理

然而當我們要將它分成一級品或次級品時，通常是先透過眼睛，再用手去接觸它。藉著手之觸摸產品，感覺多少會有些不均匀，但是一般來說，如果外觀好看，經常都會被歸納成高等級的。這種情況比比皆是，而這也就是從視覺得到的情報會被列爲優先處理的一個例子說明。

從以上所舉的例子可看出，同樣是人類的五感，卻以視覺最爲優先。既然在感性的過程中，感覺佔大部分，因此常會有只要感覺敏銳，感性也會敏銳的這種想法出現。並且由上面的推斷也認爲視覺銳利，感性會隨之銳利，但是這種想法似乎太過於果斷。

從另一方面來看，假定手指的感覺極爲敏銳且靈巧，或是對味道、聲音等各種感覺極爲

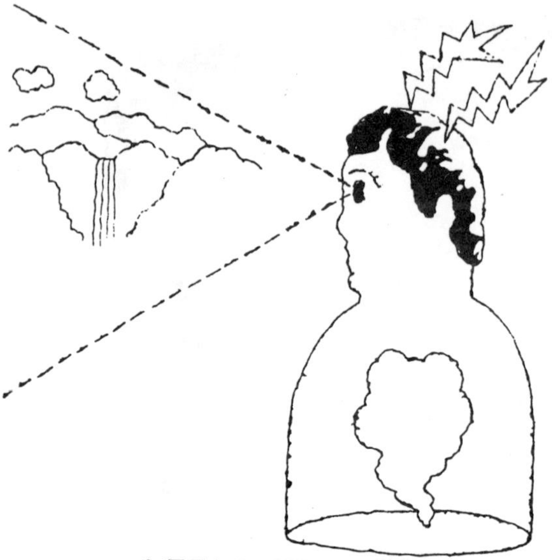

先憑最初的感覺再進行情報處理

敏感來說，也不可以如此肯定的認爲感性也是敏銳的。

感覺是建立感性的重要入口

當我們在感覺事物時，首先會用五感中的感覺器官來接受情報，例如：到達某一風景區時，欣賞美麗的風景，聽聽海浪聲、河流聲，讓風從臉上吹過，聞一聞花香，將這些綜合的情況輸入自己的大腦後，才會有「真是個美麗的地方」、「心情感覺到非常舒適」等的情感流露出來。所以，當你面臨一種情況或是事情時，也是同樣地，先憑感覺，然後再進行情報處理。例如：在雨夜和女朋友吵架後，心情變得很鬱悶，可是在第二天起床時，天際一片晴朗之下，隨之也影響到心情，於是內心自然會有「昨天晚上是自己不對，應向她道歉，使彼此間言歸舊好」的念頭。

另一例子是，當你鍾情於某一位女性，並且和她感情彌篤時，突然風聞有某位男性在追求她，而且這位男性是勁敵，這時候你會有「真糟糕，我該怎麼辦？」而無所是從的情形發生。

在此情況下，究竟這種狀況是對自己有利或是不利，對自己的心情感覺是好或是壞的判斷是常見的。換言之，即根據所接觸的感覺，來進行一種價值的判斷。

如果將以上所說的加以綜合起來，便稱之爲感性，那麼我們也就可以說，感覺等於是感性的入口處了。

在此令人玩味的是，既然感性是由感覺和感情所構成的，那麼究竟感性中感覺和感情那一個所占的比例大呢？真是令人難以答覆。但是，既然感覺是一種基礎，而感情是要來對此基礎加以評估的，若用此方式來說明，那麼似乎感覺所占的比重較多，我們只好如此去想了吧！

解開感性等於感覺加感情的方程式

那麼，感情究竟是什麼呢？也許諸位了解其大體上的輪廓了吧！就以海上景色爲例

●這就是感性的結構

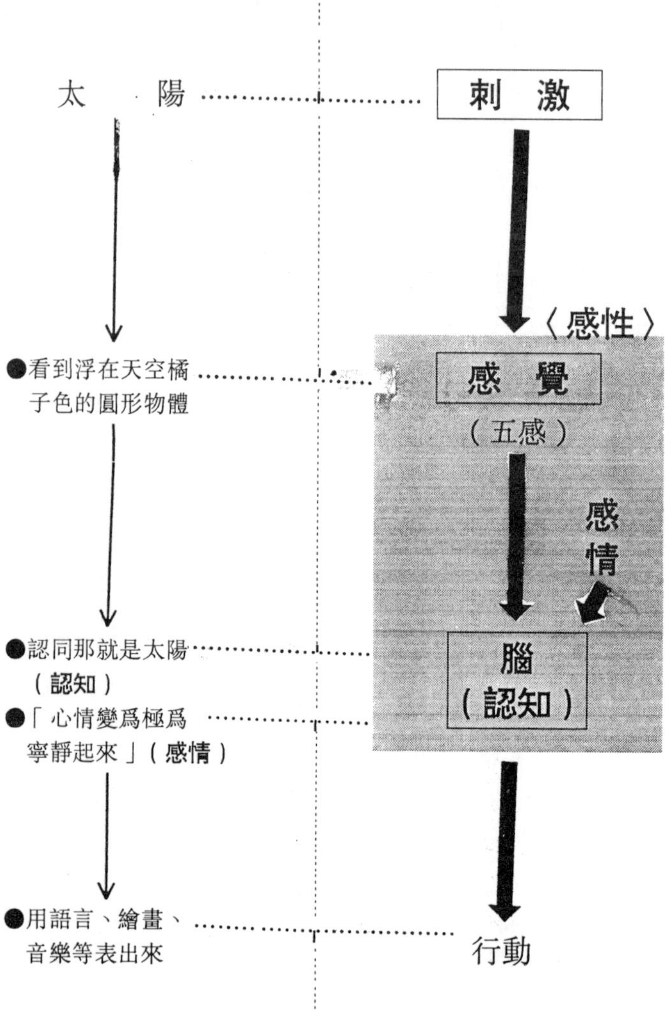

太　陽
刺　激
〈感性〉
●看到浮在天空橘子色的圓形物體
感　覺
（五感）
感情
●認同那就是太陽（認知）
●「心情變爲極爲寧靜起來」（感情）
腦
（認知）
●用語言、繪畫、音樂等表出來
行動

子，使得感覺加感情的架構可以成立，也因此歸納出感性之範疇。

當我們到海邊去欣賞風景時，瞬即可以感覺到海潮的味道及聲音。假若僅就視覺上而言，我們可以見到太陽圓圓的形狀，和彎曲狀的雲如波浪般移動的情形，而心理學上的用語則稱之爲「受外界的刺激」。

在這階段中對於究竟是太陽還是大海呢？還未做判斷。假使認爲是太陽，它卻只是浮在天空上的橘子色圓形的物體罷了。

但是，若將這個情報傳達到大腦後，就會判斷出那是太陽、雲、海浪等事物。將圓形橘子色的物體，認定爲太陽的形態，這種作用稱之爲「認知」。

於是，隨後會有「好寧靜的景色啊」、或是萌生「心情有些感傷起來」等等類似的情懷出來。所以，綜上所說，由刺激經過認知後，進入感情的這一連串的流程，稱之爲「感性」。

所以這也就是「感覺加感情」的作用。然而由刺激所產生的情感也因人而異，當然感性也會隨之不同。

我們常會因不同的情感產生，而影響其實際的行動。例如：爲美麗的海景所感動，常會拍照留念。反觀，若是觸景傷情者，或是這地方正是他失戀的地方，也許便想儘快離開這個令他傷心之處吧！

也許，其中也有些人於欣賞海景之際激發出創作的靈感，然後將情感透過詩詞、繪畫、音樂等等的藝術表現出來。簡言之，這種行動就是由「感覺加感情的感性結構」而產生的，從感性的作用發展至表現出活動。

事實上，構成感性的要素，不僅限於感覺加感情而已，關於這點，容後說明。但請先牢記，感覺和感情是構成感性最重要的兩個要素，所佔的比重也最多。

「感性的尺」包含有感情的理由

現在就上述所提的官能檢查加以闡明，也許讀者會疑惑所謂官能檢查？甚至有人會聯想到這是屬於猥褻的字眼。

事實並非如此。它純是屬於一種很高雅的檢查，簡單地說，就是測驗感覺的強度及嗜好等。

例如：要開發新車時，也需要進行官能檢查，譬如新車的設計該如何？車身的流線美要如何設計等方面的測試，都是進行製造車子的人所應考量的。所以當遇到這種情況時，將集合幾位被實驗者，請他們說出對車子的感覺，雖然是請他們發表感覺來，但事實上，早已準備好解答的用紙來進行正確的實驗。

因此，對於車身的外觀是否豪華?輕便的程度、車子的形像是如何?從兩人以上的被實驗者中找出答案，並將意見加以統計起來，找出相同意見最多的答案，如此便可認定這個答案就是一般大衆對於這輛車子設計的平均形像。

所以，一般雜誌上所進行的「好感度的次序」，大概也是屬於這類的情況。這種對於商品的好感度是屬於何種程度，而是比照一種基準的尺度測量的情況，我將它稱之爲「感性的尺」，以下舉其一例。

一位美國的心理學者彼普森達，曾做過有關味道方面的實驗，他事先準備好每種味道需要的物質，如甜味用蔗糖（砂糖）、苦味用硫酸奎寧、酸味用酒石酸、鹹味用食鹽，及準備一〇〇cc的蒸餾水，然後，將上述之物質按照順序放進水中，以這種方法逐一實驗。

此時，將一克的蔗糖混合一〇〇cc的蒸餾水，所感覺甜味的强度，用一gust的單位爲表示。同時在已加入一gust甜味的水中，再加入硫酸奎寧〇・〇〇〇二克、酒石酸〇・〇〇八五克及食鹽〇・三克等。

以這種方法將不同的物質放進溶液中，而味道的强度則以gust爲單位，所以gust是某人在某一條件所感覺到的强度單位。

●知道食品的味道強度

■四個基本味道的共通尺度

用 gust 單位的心理的强度	100cc蒸餾水中的溶質克數			
	蔗糖	硫酸奎寧	酒石酸	食鹽
1	1.00	0.00020	0.0085	0.30
1.8	1.62	0.00043	0.0142	0.46
3.2	2.76	0.00087	0.0234	0.70
5.6	4.68	0.00174	0.0389	1.15
10	8.32	0.00339	0.0661	2.00
18	15.5	0.00646	0.118	3.80
32	28.8	0.0120	0.209	7.41
56	56.2	0.0224	0.407	15.9
100	115	0.0417	0.794	34.7

■日常食品 gust 的值

	甜	苦	酸	辣
可樂	11.2	2.2	5.0	1.3
淡色啤酒	2.5	28.2	10.0	1.3
控制了甜味的葡萄果汁	3.2	2.0	35.5	2.0
清燉的肉湯	1.4	1.3	4.5	7.9
咖啡	1.0	42.3	3.2	1.0
咖啡(摻有5%的糖)	3.2	23.8	3.2	1.3
帶有甜味的泡菜	3.2	3.2	13.4	3.2
酸的泡菜	1.0	1.8	18.0	3.2
草莓果醬	23.8	1.8	10.0	1.3
蜂蜜	56.4	2.4	1.8	1.3
各式烤的菜餚	1.0~56.4	1.3~42.3	1.8~35.5	1.0~10.0
平均值	8.8	10.4	8.9	2.7

根據彼普森達的調查。

在此也介紹彼普森達所做的另一實驗，而這個實驗和前次的實驗正好相反。首先準備好一定量的食品好幾種，至於飲料可以選擇日常常喝的飲料，然後測驗各種食品有幾gust的強度。

我們就以可樂來探討吧，可樂的甜度爲十一・二gust，是屬於相當甜的程度，僅次於果漿和蜂蜜的甜味。而苦度是二・二gust、酸度爲五gust、鹹度爲一・三gust。

反以咖啡而言，只要一提起咖啡大家便會認爲是苦的，其苦味的程度是四十二・三gust，的確較其他的飲料是苦多了。而其甜度爲一gust、酸度爲三・二gust、鹹度爲一gust。

在此令人感到有趣的是，同樣是咖啡，加了五%糖分的咖啡，其苦味的程度是二十三・八gust，比起未加糖的咖啡之苦度四十二・三gust約一半的苦澀味道而已。但是其甜度、酸度及鹹度等的數值卻沒多大的變化。

既然甜味的強度以gust的單位表示後，那麼我們就可更方便對各種食物味道的強烈來做比較了。因此從表上所引出的數據，我們就可以很容易地判斷出，可樂是屬於相當甜的味道，咖啡的味道是相當苦澀的，而蜂蜜也是非常地甜，酸菜是非常酸的……等意識。

但是在此值得注意的是測驗味道的強度，往往是用心理上的尺度來測量的。而日常我們對於量的單位是以公克爲單位計算，例如：這種飲料是放了幾公克的糖，然而對於放了幾公克的糖後，其甜味的程度是如何，我們卻無法用這種方法來得知。換句話說，也就是用物理上的尺度是無法了解甜味的程度。

於是就利用gust的單位來測定人的感覺，而將「心理上」所感覺到甜味的程度作爲測驗。然後再和另一種的食品資料加以比較，那麼我們便可以很容易地了解，究竟人的感覺是屬於比較甜或是比較不甜的程度了。所以，我們在日常生活所感覺的事物程度，不是指物理上的尺度，而是指心理上的尺度所測出的。

就以味道爲例，對這種味道有如何的感覺，就是指這個人所感覺的味道，亦即指由心理上的尺度所感覺的，這是我們必須牢記的。而且，不只是味道，其他如聲音、香味等也都可循此理。

乍看之下，我們似乎是以物理上的尺度來處理放進咖啡中的砂糖量，但實際上有關咖啡的甜味程度，我們似乎也或多或少將自己本身的想像及情感都反應在內。

我們日常的生活環境大都是經由物理上的尺度得知，然而要了解感覺，就必須藉用「心理上的尺度」之心理的科學，才能解明的。從心理上的尺度之說，可以了解建造感性並不光憑感覺而已，感情也會成爲一個重要的構成要素。

(2) 好惡及感情愉快與否，也是建立感性的「情報來源」

情操、情動、情緒為感情的三兄弟

前面我們已對佔了感性構成要素很大比例的「感覺」做了說明，而現在我們將對前面也已提過的構成感性之另一主要原因「感情」來進行探討。

一提到「感情」二字，我們通常都會先聯想到是好惡或是情緒吧，但是，事實上分析感情並非如剖竹般簡易，兩者從心理學上來說，感情也被分類成好幾種。

首先，就是我們經常使用的「情緒」，而「情緒」在感情之中是屬於强度較弱的一環，而且情緒常在人的周遭飄搖著。所以說常被人稱之爲「心情不定者」，就是指飄搖在其周圍的情緒，受到他人或是因物理上的環境影響，因而隨時產生變化的這種人吧！

每一個人都有情緒不穩的時候，例如：當工作感覺極爲順利，到了休息的時間時，所喝的一杯咖啡或茶，也會特別感覺香醇美味，而在此情況下，工作效率將會大大地提高，並且工作的精神也是極為旺盛的。

反之，當工作感到不順利時，心情也低落，若又奉上司命令負責更困難的工作，此際，會使得原本的情緒變得更為惡劣，難免有些感情用事，甚至容易與道不同不相為謀的人發生爭吵、爭論等的行為。相信諸多人有此經驗吧！

提及感情，普通的人通常只是會想到好惡或是情緒的好壞而已。但是，從心理學的分類來說，日常生活中「情緒」也是屬於感情之一。例如：當你到了一家咖啡館時，店裡所放的音樂是你自己愛聽的莫札特樂曲，而且又有和藹可親的女服務生，並端出自己喜愛之咖啡，此時的心情必定舒暢愉快，緊接著使人能拋開工作辛勞的惱事，這個時候，你已進入了感性的世界了。

所以說情緒是屬於感情之一，因此間接地也會對感性有所影響，因而當情緒好的時候，感性會變得更加敏感，連第六感也會變得更好。相反地，情緒壞時，感性會變得遲鈍，工作時也較易疏忽。

像這種情緒的變化問題不大。但是換成「情動」的時候，就會有很大的差別了。

情動是屬於情緒更加强烈的感情，就以同樣是生氣來說，會有怒從心頭起而大聲地指著他人罵「笨蛋！」的狀態出現，而變得不易自我控制。例如：當自己的親人過世時，常

情緒好壞影響感性

會因爲過度的傷心而哭叫著。另外有些是因爲過分的害怕，而使得晚上無法入睡，有些是因過於興奮，無法做自我控制，而在雀躍歡騰時受到感情的牽絆，因此失去了主體性的也大有人在。

除了上述以外，也有被稱爲「情操」的感情。這是一種朝向文化水準較高的一種意識，我們可以從「情操教育」這句話體會出，這是屬於充滿自信的，或是朝向美的高度感情。

例如：當我們被某一幅繪畫或是文字而感動時，便可以說，此時所產生的感情就是所謂的「情操」。但是，情操是以知識做爲前提，必須要有這方面的修養、及具備有意圖上的性格，就這方面而言，這種「情操」恰好和失去主體性的「情動」是背道而馳。

簡言之，實際上感情是由「情操」、「情動」、及「情緒」等三種不相同心理的動態，互相產生作用，因而構成了感情。

感性就是感覺加感情，乍聽似覺單純。然而，感情如前所談不能如此簡簡地予以說明，同樣地，感性也無法用如此單純的方程式予以解開的，相信讀者認同這點吧！

因此，如果感情的起伏一直保持平坦，就會產生單調感，而感性也會因此變得遲鈍了。

情動的種類有幾種

前面已提過感情有「情操」、「情動」及「情緒」等三種類，但原來其中之一的「情動」也分成好幾種，現在就來研討這問題。

有關情動種類問題的開端，就是指進化論，世界聞名的達爾文早在約一百年前的書籍中，曾出現的『人和動物的感情表露』，在這本書中達爾文認爲感情（指此處所指之情動）只要觀察人和動物的臉，就大略可解。達爾文是一位提倡進化論的偉大動物學者，而我也認爲當人及動物彼此看著對方的臉時，或許能觀察了解對方心中所想的情動。

雖然無須對達爾文的說法做追加實驗，但是在這個社會中，卻有一位脾氣極爲古怪的心理學者在進行著此追加實驗。他拍了不少各種情動不同的照片，並將照片展示出來，之後請觀者說出哪一種情形才符合正確情動的實驗。

雖然進行了很多不同的實驗，卻只有三分之一或二分之一的猜中率而已。由於照片中的表情是靜止的，有時候不容易看得出其真正的情動。所以就有人利用了電影，甚至更爲了喚起情動，而加强刺激。

更具體地說，例如：爲了喚起「痛」的情動，而把針刺在小孩子的手臂上。爲了喚起「生氣」的情動，便用力壓住子孩子的手腳。爲了要產生「恐怖」，將抱在手中的小孩子，突然用力推開他。爲了喚起「空腹」的情動，故意不給他牛奶……等，利用以上所列舉的種種方法，將當時小孩子所表示出的表情用電影拍攝起來。再放映拍攝後的電影，讓大人猜測當時小孩子的情動。這的確是一極爲用心良苦的實驗。

雖然如此，但是猜中率不過五成，原因何在？真令人費解。假定，人際交流場面的猜中率如此低落時，那麼根本就無法呼朋引伴相偕去酒廊痛飲一番了，而男女之間也不可能順利地戀愛，以致結婚，不但如此，打架、吵架等糾紛也層出不窮。果真如此，其所做的實驗效果不彰。於是，緊接著有更多的心理實驗不斷地反覆進行。

因此在一九三〇年代後期的一位哈佛大學的心理學者伍德瓦茲，終於成功地做了一次

●情動分成六種類

猜中率高的實驗。和以前的實驗所不同而經過其改良的地方，就是把應當分類的情動，設定成以下之六點，再將無法分類的，用其他方式加以分類，於是便將許多表情的照片分類成七種了。

情動的六種類就是(1)愛、快樂、幸福，(2)驚訝、(3)害怕、痛苦，(4)憤怒、決心，(5)嫌惡，(6)輕蔑。經過了表情分類的結果，雖然緊鄰的分類會有所錯誤。但間隔一格的錯誤卻幾乎是沒有的。這就是情動，從(1)至(6)像是直線尺排列法，也是一有趣的結果。

三年後，伍德瓦茲的學生休洛斯巴克，認爲前面所做的實驗，不應設有不能分類的項目，於是，他以强迫方式將情動勉强地分類成六種，結果產生除了前面所說的緊鄰間的錯誤外，也發生了將⑴分成爲⑹，或是把⑹分爲⑴等的錯誤。

關於這點，我們可以說情動是如圖般的圓環構造來加以表示。以前的情動似尺般的理論，互相會產生錯誤的情動，是因爲在心理上的距離相近，因此就會在緊鄰的兩邊項目選來選去。所以，休洛斯巴克便將伍德瓦茲⑴和⑹兩端相近直線狀的尺連接而成環狀的構造。

此外，休洛斯巴克將圖的上方用快，下方用不快的方向來表示，而右邊是注意，左方是拒絕等，做爲一有趣的表示。雖然這種方式不失有趣，卻非情動的分類實驗。

這只是要從表情上來了解有關情動的分類實驗，所以採用二次元的平面，也就說利用小小的次元空間來加以歸納。而我個人認爲由於情動本身有很多的種類，所以需要有更多的次元。雖然人的表情識別能力不多，但是情動的識別能力應該是較大的吧！

正如色彩中有三原色，同樣地，情動也有基本情動，而這個數值就是指直交的次數值吧，不過這種話題偏向專門性，在此不談。然而令人覺得不可思議的是，基本情動有很多種，但是究竟孰是孰非，這對於人類來說，是個意義相當深遠的問題，可是在哲學或在心理學上也無任何深究。

不只是如此而已，各種情動的內容是屬於哪一類的，也都未作定義。日本哲學家梅原猛教授，在十多年前已使用獨特的記號來表示，之後我對於記號理論學上加了些改良。

基本情動的數量，如果是照休洛斯巴克所說的六種，似乎稍微少了些。經過我自己所做的實驗，結果我發現約有八種程度，而這八種就是⑴高興，⑵驚訝，⑶恐怖，⑷生氣，⑸痛苦，⑹悲傷，⑺憎恨，⑻輕蔑。

人類會因為各種不同的「形態」，而培養出的感性也會不相同

留下「少年維特的煩惱」這部名作之文豪哥德，是名聞遐邇的文學家。而能夠提出有關他是個充滿感性的相反論調的人，恐怕是沒有的吧！

同時，也有很多人都知道哥德是一躁鬱病質的人，由於如此，使得他對自己的感性能夠得到更多的磨練，因而成爲一天才。假若我們用這種方式來解釋，或許會使很多人感到驚訝吧！

可和哥德相提並論的，也就是發現萬有引力的天才科學家牛頓。據說他也是一位患有精神上的疾病，且是屬於分裂病質的人，此傾向促使他和哥德一樣，使其感性更加地顯著，而能夠留給後世偉業。

或許讀者會迷惑，何以舉此二人爲例？也許也有人認爲，「把歷史上著名的大天才拿來做比喻，和凡人不能相提並論的，所以不能做為探測感性真面目的參考。而且，我自認在精神上很健康，沒有任何疾病，所以怎麼能做爲比較呢？」

我之所以把這二位天才拿出來做爲比喻，並非侷限於談論疾病，何況並非沒有精神病質的人，感性就遲鈍。我只是想把每人都曾經聽過的躁鬱型和分裂型之典型提出來參考而已。

躁鬱質和分裂質是屬於正好相反的性格，雖然是這樣，但典型的人物個個都因充滿著感性，所以才會將偉績遺留給後世。以哥德來說，由於躁鬱形態的特徵之一親切感，及巧妙人際關係的交往，而培育其之感性吧！至於牛頓則是因具有分裂形態的特徵之一銳利的感覺，才有這種的結果。

由以上所言，顯示出不論任何一種形態，都能培養出感性。同時也表示了並沒有所謂的適合培養感性的性格，換句話說，就是人會因爲各種不同的形態，而培育出的感性也會不一樣。

支持著文豪哥德感性的初衷

據說哥德是處在躁鬱狀態的時候，才開始接二連三地著作成書。而且他也是位政治

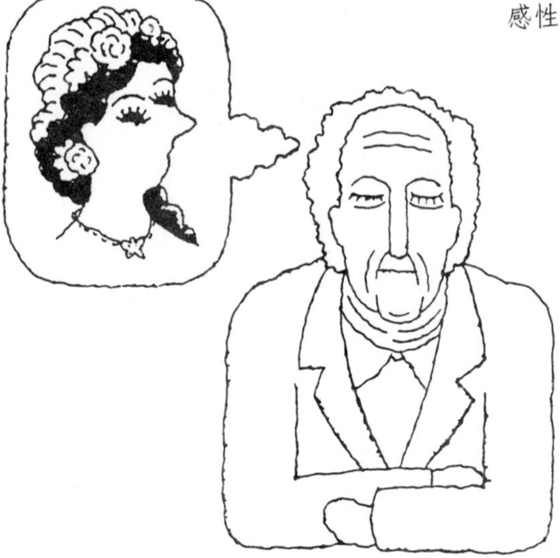

如果感性過於銳利時，會成為分裂質或躁鬱質

家，所以對政治也積極地推行。同時，他的艷聞不斷。所以當他七十二歲躁鬱的狀況又再出現時，竟然和一位十九歲的少女正處於熱戀中，並且內心渴望與這位少女結婚。在這個時期的行動也顯得特別活躍，當他聽了音樂會甚至因受感動而流下淚來。

這些都是由於精神上的躁鬱狀態所帶來的，過了七十歲的人，卻還有如此豐富的感性。在現代社會中屬於銀髮族，卻還和年輕的女性輕唱黃昏之戀的雖然不多，也非絕無僅有！即使將男女間的情況互換一下結果也是一樣的，我們不能否認他們都是感性豐富的人。

再加上哥德當時的生命力也極爲堅强，且在任何一方面也都是如此。除了哥德之外，能完成偉大工作的人物也是，年齡雖然已經花甲了，卻還想堅強地活下去的人，生命力都是極爲旺盛的。

如果感性較他人更加銳利，卻缺乏旺盛的生命時，就無法發揮感性，留下令人們期望的業績。且多半心情會感覺焦躁，而常就此結束人生。若天生是一位有豐富感性的人，心中也會期盼能有更旺盛的生命力，如此一來，感性會更加倍培養出來，於是，自然而然地產生相乘的效果來。

有關牛頓、哥德等這些天才的故事，他們可以說是以科學和文學爲對象，來加以磨練感性。假設他們没有科學和文學做爲對象，可能也只是如凡人一樣來結束一生，或者精神病更爲惡化。所以，不妨說是科學和文學拯救了他們的吧！

感覺合不合適也是感性所造成的

感覺合不合適，不僅發生在男女間之感情，在各種工作場所中，不論是上司和部屬間，或是同事之間，也經常都會發生。

如果更誇張地說，就連國家與國家間，民族與民族間也可能有相合性合不合適的問題。

像這種感覺上的差別，究竟從什麼地方產生出來的，例如：從自己所服務單位中的同事或上司來看，就會有所發覺，大體上說來，企業家可分成兩種不同的形態，一種就是過去人們的形態，他們是以和同事間彼此和睦相處爲最大的目標來行事。

這類的人，對整體工作往往全力以赴，也不想要和同事競爭發揮自己的工作表現，只是一直待至退休爲止，只要相處融洽便心滿意足；看起來具有一種講道義的意識存在。

另外一種形態，雖然和同事間多少會有些摩擦，他們是以能在自己的工作崗位上好好地發揮爲第一條件。並且不屑與周圍的人採取同樣的步調，只求自己能出人頭地爲目標。在現代社會中，屬於這類形態的人，逐日俱增。至於國與國之間，經濟的摩擦也是不能免的。

這兩種形態，孰好孰壞甚難斷言，但是，在大異其趣的這兩種形態，可能感覺不合適吧！

這種情況，或許是由感情和感覺的差別而來的。或者也和感性有些關連吧！

在宣佈答案之前，姑且先談談心理學上所謂的「感情傾向」。例如：任何事都必須講求敏捷、有條不紊的態度來處理完成，才會感覺到心安理得的人，和一些凡事都是慢吞吞的人，這都是因爲感情的傾向，而出現各自不同的性格。

這就是「情緒」，而且每一個人都會受到「情緒」的影響，換言之，這情緒也是屬於人類性格的一部分。除了行動之外，對某一件事物的看法，也會有反應快慢之區分。而像這種情況，就表示此兩人之感情傾向不同之故。

在社會上一般人所說的感覺，有一種指的就是這種感情傾向，而另一種就是價值觀念，將這兩種結合起來便是感覺。

請回溯前述提及之企業家之兩種形態，這兩者間的差別，姑且設定爲價值觀的差別，但也難道不能說是感情傾向的差別嗎?有關男女間的緣分，甚至國與國，民族與民族間的相同性也都如此。

然而，也有例外的時候，那就是有關男女間的緣分，在這種情況下同樣的形態會彼此吸引著，然而不同的形態也會出現互相吸引的情況，這點需要附帶說明的。

以此看來，感情傾向從某種意義來說，和感情是共通的，倘若能夠再加上由感覺產生的認知時，似乎可以稱之爲感情吧!如此一來，感覺合不合適，實際上也就是屬於感性的問題，因此感性能否一致，就自然地瞭解了。

同時，感性不一定只是感覺加感情才能成立的，尚與其他的要素息息相關。

更進一步的說明，假定平常聽慣了自己很喜愛的音樂，可是當你想要獲得寧靜時，音樂聲此起彼落，此時就連聽自己喜愛的音樂，也覺得吵雜煩人。

或當自己於飽腹後，即使平常喜愛吃的東西，也毫無食慾。相反地當自己飢腸轆轆時，平常一些不愛吃、討厭的食物，剎時變得極爲可口美味。雖然有些事聽起來突兀，然而當一個人心中非常渴望錢的時候，鈔票的體積似乎看起來較大，這是經過某種測驗而得到印證的。

此外，當人第一次看見從未見過的東西時，會透過以前的經驗和所堆積起來的知識加以對照，而使得感情產生變化。

由於感情的好惡，愉快與否等條件，而產生變化的可能性，往往使感性也因此而產生變化。下一節我們將分析後天的知識和感性的關係。

(3) 人的感性和動物不相同，是因後天知識的有無

知識是人類獨有的創造感性之營養劑

前面已對構成感性的重要要素的感覺和感情進行過探討了，或許在看了以上內容的讀者之中，心中會想既然感性是由感覺和感情所構成的，那麼應該不只是人，動物也有感性吧！的確動物也具備著感覺和感情，也有知識，也會學習，可是從學習能力來看，動物和人是不能相提並論的。現在我們就來針對人類的感性會造成重大影響的要素之一——知識進行分析。

當我們接觸到繪畫或是音樂之高品質的藝術作品時，在感覺受到刺激而震撼時，感情也激昂了起來。假設相同的作品，對嬰兒而言，是否會產生如大人般的反應出來呢？

嬰兒在出生後經過了幾個月，他會因肚子餓而哇哇地大聲哭出來。此時，只要母親逗著他玩，他立刻會破涕而笑。從這點看來，就可以知道嬰兒已具備了感情。可是讓嬰兒去

接觸名畫時，可說是對牛彈琴了。那麼究竟大人和嬰兒間感性的差別，是從什麼地方產生出來的呢？

這就是上述所言之「感性等於感覺加感情」的說明之方程式。假設這個方程式沒有任何錯誤時，嬰兒應該也和大人有同樣的感性吧！且和名畫接觸時，也會有極大的感動，這應該並不是件不可思議的事。但是事實上嬰兒卻沒有如大人那樣地感動，那麼也就表示這個方程式並非很完整。換言之，嬰兒的感性，是因爲缺少了成人所具有的「某些」不足。

到底這個「某些」是什麼？概括言之，例如：體力、經濟力量、工作效率、人際關係、知名度、知識、學歷、經驗等等，都是成人和嬰兒之間的差異性。

其中的體力、經濟力及知名度等，和感性雷同，在此不予贅言，但是，知識、學歷、經驗等，卻是要透過成長的過程才能得到的，屬於後天的要素，如此之解說，相信可令讀者豁然開朗吧！

既然想法是正確的，那麼此即剛才所追求的「某種」。簡單地說，這「某種」就是知識。例如：看到名畫家的新作品中，所展現的新技巧，心中有所感觸，是因爲你對於其原來的技術知識有所了解，才會產生出新的感動來。以音樂來說，若想要對它有所領悟，就非先對旋律的規則有某些程度的了解不可。至於協和音之悦耳，其理同在，有了體會才會

知識、經驗的多少，對於感性的影響很大

對協和音產生興趣，也才能了解音樂吧

前面所提到的讓嬰兒欣賞名畫的例子，雖然嬰兒也有「愉快、不愉快」的感情，可見他們的知識和經驗則沒有像大人那樣地豐富，所以在看到名畫時，如情操等的文化感情也就不會湧現出來。所以才不像大人那樣地感動，由此可知，知識的重要性。

或許這是屬於較爲極端的說法，如果只是感覺和感情而已，不要說是嬰兒，就連狗、貓等人類以外的動物也具備著。所以單單將這個稱之爲感性，則有欠妥當。感性既是人才能產生的，而經驗堆積及學習便不可或缺，加上所得到的知識，使其更形豐富，也更能培養出感性來。

一般所謂的知識是指和感性相反，而屬於

●大腦的情報處理構造

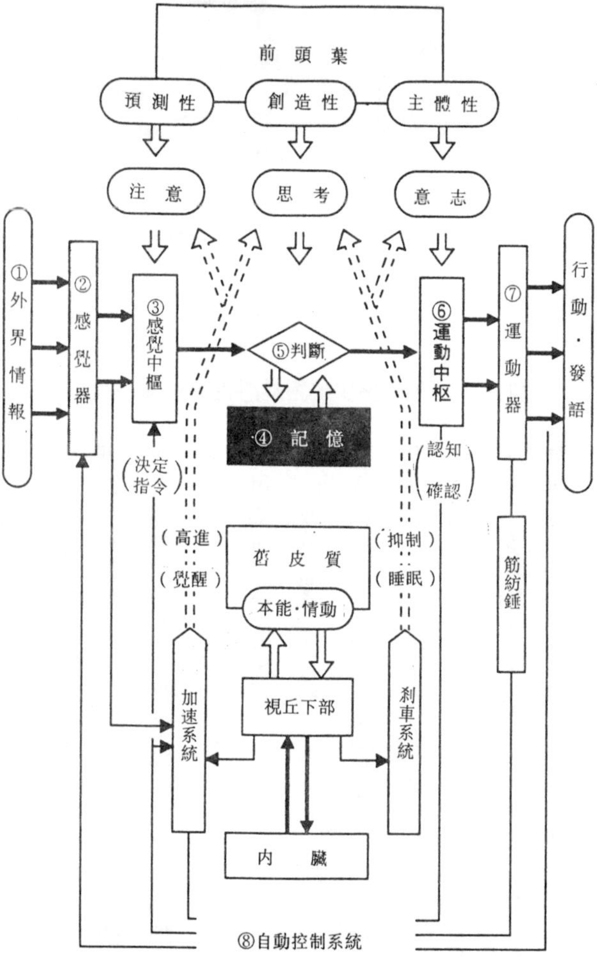

取材自「安全人間工學」

理性的部分，乍聽不覺和感性有多大的關連，但是又不能說完全沒有關連。

知識絕對不是感覺加感情等於感性的方程式，但也並非沒有關係，前面是用「認知」來做說明，就是視某種的東西爲另一種東西的作用。

例如：將浮在天空中橘子色的圓形球體當作是太陽，或把浮在天際銀色的圓盤當作是月亮時，就必須先具有有關太陽、月亮的知識。而這種文化上的感情搖動，是知識存在的前題，而不是知識偏重的現象，但是一定要將知識、後天的經驗不斷地堆積儲存，感性才能確確實實地培養出來。

在同樣的家庭環境中長大的兄弟，會有相同的感性嗎？

由他人眼中看起來簡直是一模一樣，也無法辨認出誰是哥哥或弟弟的雙胞胎。即使說這兩兄弟又都穿著同樣色彩的衣服，相信，母親對這兩位兄弟仍舊視爲是同一個人來撫育教育他們。假定這對雙胞胎說話的神態簡直是一模一樣，也許這兩人的性格也會很相似，或許我們也可以想像他們將來可能會上同一所學校，而長大成人後，也會從事相同的職業吧！

但從實際情況來看，雖然是雙胞胎，在長大成人之後是否會走上相同的路呢？那可不一定。也許正好是背道而馳哩！例如，到了青春期，可憑自己的意志選擇服飾時，往往有出現彼此的興趣及嗜好正好成反比之情況。迄至就業期，雙胞胎的兄弟中也有很多選擇行業完全相反的工作。

這是得自多年從事國小教鞭，對於雙胞胎的教育所得到的經驗談。

聽了以上的內容，或許有人會疑惑，而那些感覺奇怪的人，無非認爲雙胞胎從小在同一個家庭環境中，且受相同的培育、得到完全相同的經驗及知識，所以感性會因後天的經驗和學習而受到影響，如若此言不虛，那麼雙胞胎是應該有極相似的感性，而在嗜好方面有所不同，也就很難令人苟同。

的確，這種說法不無道理，作者也不否定，也許是提出這種意見的前提條件，多少留下了少許令人持疑之處。

所謂前提條件，就是指只要是雙胞胎，是否可能得到完全相同的後天經驗。更具體的說，雖然是雙胞胎兄弟，但也不是每天每次玩同樣的玩具，吃相同的東西，即使完全相同，而各人的感受，也會相同嗎？

長大之後雖然感情彌篤，但也會彼此有共同的意識出現，或許會向父母親要求和對方不相同的點心或玩具。類似這種感覺的方法，在其成長的過程中，也漸漸成爲經驗而將其累積起來，久而久之，勢必嚴重地影響個人的感性問題。

例如：生長在藝術家庭中的小孩子，成長以後，有不少的孩子同樣地也成爲藝術家，這就是因爲小孩子從小便和這種環境接觸而造成的。

有道是「有其父必有其子」，這種現象不只發生在藝術家的家人而已。例如：生長在商人家庭中的小孩子，不需要用特別的言語或是理論來加以教導，他們對於做生意的基本部分或秘訣早就有所體會了，自然而然地也就學會做生意了。而當父親是一個喜愛運動的人，在這種環境中所培養的孩子，也能慢慢地學到適應這種環境的感性。在學者家庭中長大的孩子，也較易受學術氣氛的感染，因而養成凡事以理論來思考。

筆者也因爲自己的叔父是位學者，所以早就習慣於這種學術氣氛，因此從事於現在的工作，並未出現任何的反抗感。

由此可知，家庭環境之重要性，是不容忽視的。所以如果想把自己的孩子培養成一個有豐富感性的人，那麼身爲父母的人，便時常和孩子建立親子關係，保持和孩子密切接觸。

例如：當小孩子還在嬰幼兒時期，就買一些好聽的音樂或繪畫書籍給他們，並陪著他們一起唱遊或畫畫，類似這種情操教育，對他們的成長頗有裨益。

不過，由於過分重視聯考，而將知識硬塞進孩子的腦袋，這種填鴨式的教育方式，有失理想之道。又假設父母親邊吃著糖果邊看著那些無聊的電視節目，而發出傻笑時，這對於小孩子感性的發展，是不會產生正面的作用。

以企業人士來說，道理相同。例如：某公司新進的人員，往往受到工作崗位中的氣氛所左右。如果服務單位對感性的教育很熱心，或是對感性極為關心重視，相信對所有員工之感性，將會有良好的影響。

經驗及知識要有意欲才會對感性造成影響

我們人類所存在的世界，至目前為止所培育的環境，就形成了我們的經驗和知識。

不過，果真在美好的環境中培育長大，就能夠培養出豐富的感性來嗎?例如：父母都是極為聞名的藝術家，在這種家庭環境中長大的孩子，竟然對藝術不感興趣，也不在這方面發展，而成為一位電腦技術人員。類似這種的例子屢見不鮮。

上述例子可說是「有其父必有其子」風牛馬不相及。事實上，那是應該具備藝術的感性之這一面，沒有被培養出來，反倒是另一面的感性被發揮而致。

也就是說，他雖擁有能充分培養藝術面的感性環境，只是他對藝術的興趣，比父母更加淡薄，因而有這樣子的結果。

當然人類的這種意欲是靠堆積下來的經驗，以及所吸收的知識，而能做隨時的變化。所以雖然是屬於經驗及知識的一部分，假定沒有「想要完成某件工作」、「想要這麼做」的意念存在時，那麼，所堆積起來的經驗及知識，就無法和感性連結起來。

所以就算有了學習十幾年鋼琴的經驗，且能夠自由自在的看五線譜，假定他的內心沒有想要彈出更好的旋律，及想要彈出更加美妙樂聲的意念時，也就無法和感性連結在一起，於是無異於彈鋼琴的機械。

像這種意欲，或是自動自發要做什麼的想法，在心理學上來講，稱之爲「欲求」。不論你是否想或不想做出具體的行動，如果沒有這種欲求時，感性也就不會提高。

欲求給予感性的影響，在第二章再做詳細的叙述。但是要記住這是建立感性知識、經驗的一個要素，那麼對於感性的整個面貌就能更加了解。

容易聽見壞話的理由

經常可見老年人耳朵變得重聽的情況，可是當別人在說自己的壞話時，耳朵卻突然變得特別靈敏。以醫學上而言，隨著自己的立場之好壞，有時變得很重聽，有時卻很靈敏的現象，是很不合理的，然而為什麼實際會發生這種情況呢？

在思考答案之前，先想想如果自己是處在極為吵雜的人群中，假定此時突然聽見有人在叫你的名字時，會有什麼反應呢？雖然周圍非常的吵雜，卻不知何故能如此清晰地聽到自己的名字，且會將頭轉向聲源的方向。這情形心理學將它稱為選擇性的注意力問題。

同理，重聽的老人，便能聽到別人說自己的壞話。

也就是說因為視覺經驗不斷地堆積，對於某些固定的話，平常就有敏捷的反應；而這類的話成為視聽刺激，傳到耳朵時，便會喚起注意力。因此，使得原本不應該聽得到的聲音，就在這個時候，反而能夠輕易地從其他的聲音中脫穎而出。

例如，在人群熙來攘往的火車站入口，碰見熟人時，也常會有類似的情況出現。

對於無數自自己眼前擦身而過的陌生人，便很難記住其人之臉。因為人的情報處理能力被認為是有界限的，然而前面所提到的選擇性的注意力問題，就成為對能力界限的一個反證，也就是說在那麼吵雜的環境中，一旦有熟人混雜其中，便能夠輕易地分辨出來。又假定和自己的愛人約在火車站前見面，這樣的情況會更加顯著，只需要看見對方的頭髮及衣服的一部分，就能夠辨別出來。此乃天經地義的事。

這也是視覺經驗的累積所造成的，人類對於辨別他人的容顏之能力甚佳，關於這點，

注意力能夠提高，就能成為順風耳、千里眼了

電腦的選擇能力就不如人了，經由這種方式選出熟人的臉，就被當作資料而輸入大腦中。

當你的眼睛正在注視著火車站的剪票時，在這種情況下，等於是你在無意識中看著來往人群的面孔，而這些臉孔是因爲和輸入腦中的資料不一致，所以就一個個讓他們走過去。

如果有認識的臉孔出現時，會和輸入大腦中的資料對照產生一致，便能予以認同。這是因爲注意力的作用所致，當和愛人約好會面時，會有意識的探尋，和自己的欲求相符，故在一瞬間便能分辨出對方來。

在這種狀態下之感性是旺盛的。那麼，以此類推，注意力也是屬於感性的重要要素之一。以上就是有關選擇性注意力的說明。

對於風景會萌出鄉愁之情，這種感性就是幼兒經驗的影響

可能有不少人有這種的經驗，就是當看到某種的風景，內心便會湧起思古幽情。以筆者而言，一旦走在平民區時，那種感覺特別濃烈。

這可能在我幼小的時候，祖母常常背著我，到有著密密麻麻房子的平民街道走動的孩提時代之經驗所造成的吧！不過這種街道，已漸式微。

想重溫舊夢時，會信步來到舊地，遺憾的是，此地不復往日風光，也失去了當年平民地區所特有的吵雜聲音。

這種鄉愁便是由感性而來的。一般說來，每個人都有幼兒時代的經驗，所以可以說在嬰幼兒期的見聞經驗，對將來之感性會造成很大的影響。

譬如看了某一種電影，平常不易受感動牽絆的人，偏偏在此時感觸深刻，因而感動得淚眼婆娑。

這種情況並不一定只限於幼兒的經驗，只要觸及和自己的人生經驗有關係的時候，就會出現這種現象，電影之所以能打動人心，也許是其中人物的遭遇，和自己本身的記憶類似吧！

這是因自己和電影中的主角，曾經有過同樣的辛酸記憶！總而言之，假若只是自己在無意識之下，因為看到電影，而喚起自己過去的回憶，使感性受到强烈的搖晃。而看了同樣的一部電影，卻無動於衷者，可以說可能因其內容和其體驗無關。

隨著老化感性隨之衰弱或益加豐富

顯而易見，感性是和經驗密不可分的，前面已做了這種的說明。果真如此，那麼隨著年齡的增加，經驗也會更多，那麼隨著高齡「感性度」會變得更大嗎？

以結論而言，只能說有些是正確的，有些則否。

的確，人類隨著年齡的增加，物理性的經驗數量是會增加，知識的分量也會更加膨脹起來，這是理所當然的。從小孩子到成年、中年、壯年的這個過程中，人會變得更加成熟，暴躁的個性和年輕時比較起來，因為得到各種經驗的累積，已經能夠相當地自我控制了。

而在年輕的時候，不易獲得之經驗，例如：在所服務的單位中，擔任適合的職位，可以藉用很多的部屬也能位在組織的上層來觀察判斷一切，所以感性得到更多的磨練，也能圓熟地處理事情。

從理論上來說原也無可厚非，但是人生也在老化中，不止於人，舉凡所有的生物，甚至包括生物以外的東西也是如此，隨著年齡的增加，有了劣化現象產生。

從這點看來，足見感性也會隨時間的經過，而有品質降低的趨勢。特別是到了高齡的時候，雖然綜合性的判斷力得到加强，反之，一瞬間的注意力及集中力就很難持續著了。此即意謂著這是感性下降的一代。

熱力學上有所謂的第二法則，這個被稱作熵（熱力學的函數entropy），增大的法則，熵被認爲是無秩序的程度，在自然界中的一切事物都是有秩序的，但在不知不覺中就會變成無秩序之意。

例如：一座山本來是有秩序的，可是隨著歲月的經歷，會將山崩塌成平地，而當生物還存在的時候，也能保持著秩序，但是一旦死了之後就會腐敗，結果又回歸成泥土。這些都是人表示著熵的增大。

老人是象徵進入了另一個時期的代表，亦即熵之增大，這不就是秩序崩壞的開始嗎？所以當我們看到老人家裡，雜亂不堪時，會使人更加强了這一種的想法。

所以，是無法避開自然界的法則。如果熵朝向增大的方向前進時，原來是有條不紊的秩序，也就無法再保持下去，甚至感性也會因此慢慢地變得遲鈍。

同時，也產生感覺變得衰弱，記憶力也模糊等等生理的側面反應，因而加速老化，所以，要盡可能利用年輕時來培養感性，以使自己過得更加充實，這樣才是正確的。

你的感性是屬於阿波羅型或是迪奧尼索司型

森鷗外的作品是阿波羅型

哲學家尼采將希臘悲劇的形成加以分析的結果，從藝術觀點，大致提出二種型態，一種是所謂的阿波羅型，而另一種就是迪奧尼索司型，他這種的分類，爲後世沿用迄今。例如，在分析探討藝術作品或是藝術家時，經常使用這種概念，加以理解其中的常識。

首先是阿波羅型，一般認爲這是屬於夢想式的或是靜觀式的。更具體的說，對於形式及秩序非常重視，所以在作品上要求調和及端正，同時要有理智和個別性的。而造形美術與叙事詩就是屬於這種的形態。日本作家森鷗外，曾經自我評估其作風是屬阿波羅型。

至於迪奧尼索司型，則是屬於陶醉的、激情的，它朝向突破形式或是個別性的創造性方向。因此，熱情及狂暴、或具破壞性等類似的內容，常可見於作品中。

另一位日本詩人萩原朔太郎則將日本古來的詩歌，把俳句認爲是屬於阿波羅式，而短歌則認爲是迪奧尼索司式的分類。

一心一意的形態是屬於迪奧尼索司型

像這種的藝術，原本是以某種思想或熱情，且以感性做爲媒體，利用創造式的衝動凝縮而表露出來，但有時候是以擴大、誇張的手法來表現。由上述得知，也可將個人感性分成爲阿波羅型或迪奧尼索司型。

假定凡事都能以冷靜的眼光來觀察，對於社會的規範也能沈著地應付，而不會擾亂周圍秩序的人，可以說是屬於阿波羅型的，不論何時，能適切掌握自己的主體性，也能巧妙地强調自己的個性和存在，不輕易和周圍的人妥協。

而迪奧尼索司型和上面所說的正好成對比的，極爲熱情，不會依賴他人，一心一意地全力以赴，不太在意於形式，並且有時候也會考慮已經成立的想法。

究竟那一種的形態才是最理想的？不能一概而論，需視情況而定。所以從客觀的角度來看，對於自己是屬於那一種的形態能了解之後，有可能會在有意識之下，發揮自己的長處。反之，如果了解了自己的短處，有時在工作上、或在人際關係上能夠隨時多加注意，結果也會有正面作用的產生。

〈「感性的尺」有兩種形態〉

用來測量感性的尺而介紹的「官能檢查」分爲兩種形態，一種是一型檢查，這是測量感覺的強度；而另一種是二型檢查，這是測量人的嗜好及喜愛。

一型的檢查如製造食品、飲料等的企業，常利用自己本身企業內的專家而實施的檢查。例如：某企業想要開發一種濃度恰好的飲料，此時就需要先由專家們來嚐試，然後請示他們對味道做判斷，將這種作業反覆地進行，才能夠製造出適當濃度的飲料來。而製酒也是同理。

至於二型的檢查，就是企業對於新商品開發的使用，也等於是一種的形象檢查，當企業想要促銷新的產品時，不只是需要迎合社會的傾向，同時更需迎合消費者之需求的調查。

這些就得藉助於那些上班人士及學生等等企業以外的人，由他們對於新商品的形象，好感度以進行調查，而企業界就把從這裡所得的資料做爲參考，以判斷新製造的商品，向市場推銷的銷路問題，或向市場推銷時，卻因包裝設計不佳，需要改良等的資料判斷。

以上就是一型和二型的官能檢查，但如果從『感性的尺』的立場來看，不如說：一型主要是把重點放在感覺，而二型則是利用感覺和感情兩方面來測定感性的。

2 測量感性的銳利及豐富的六種方法

你的感性是否生銹了？

在第一章中對於所謂的感性是以那幾種的要素所構成的，可能已經有所了解了吧！而本章就針對有關豐富的感性和鋭利的感性之狀態加以叙述。首先先對序言所説的測驗，以如下的方法進行。

〈感性的測驗 2〉

準備好一枝原子筆，並請仔細地觀察這枝原子筆，你可知從筆的前端到後端有幾公分嗎？而原子筆的直徑又有幾公分呢？

可以用手拿起原子筆看看，但希望不要用手指來測量，將自己的答案寫在另外一張紙上，之後再實際測量進行查證，並且也試試看用手拿起筆的時候，究竟這枝原子筆的重量有多少？

〈感性的測驗 3〉

準備好四十公克、四十點五公克、四十一公克、四十一點五公克的重量之物，假若没

只要做了重量不相同的測驗，就能了解感性銳利的程度

有適當的東西時，也可以自己動手做。

例如：在同樣大小的罐子中，裝上不同重量的砂。

需從外觀看來是完全相同之物，只要重量不同即可。

先將各個重量用手拿起來試試看後，從最輕的開始一一地排列好，只是注意不讓自己知道所拿的罐子的重量，若是一個人不方便做時，可由二人一起做。

有關上面所說的測驗，你的感覺是如何呢?特別是關於（感性的測驗3）。然後再根據這個，說明銳利及豐富的感性。

測量感性的方法1

感覺可以由經驗的累積而得到磨練，又與感性的銳利相連接。

每人都具有辨別和刺激的界限

希望再看看前面一頁中的實驗，將四十公克、四十・五公克、四十一公克、四十一・五公克重量的東西，按照順序拿在手上時，會有如何的感覺呢?當你同時拿起將四十公克和四十・五公克的重量時，也許無法判斷那一個較重，可是當你拿起四十公克之後，再拿起四十一公克時，卻立刻獲知後者比較重，之後又拿起四十一・五公克時，便能很明顯地感覺較重。

以四十公克來說，如果兩者間有了一公克的差別時，就可以了解其輕重，可是要分辨〇・五公克的差別，就極其困難了。在實驗心理學上，稱爲「辨別的界限」。「辨別的界限」就是指在重量上再加上重量，也能夠加以區別的範圍。

有關重量的情況，一般人對四十公克的重量，一公克的差別，視爲能夠區別的範圍。

但是對於八十公克時，則需要二公克之差距，這點是需要多加注意。

從這點來說，「刺激的界限」是和「辨別的界限」完全不相同的，如果以重量上來說，就是指開始有重量的感覺地點。

當然人類對於〇公克的重量是無法感覺出來的，甚至包括〇・一公克。然而假定不斷地把〇・一公克重量加上去，到了某一定量時；就應該會有重量的感覺。這就是「刺激的界限」，當你想進入屋內時，如果不跨過門檻，就無法進入裡面，所以當你在感覺的時候，刺激的强度等於就是門檻。也就是說要有刺激才能感覺出來，而這個刺激，便是刺激的界限。

雖然在這裡是用辨別的界限、刺激的界限來做爲重量的說明，但不只是重量而已，我們所具有的感覺，都有辨別的界限和刺激的界限。突然有明亮的感覺時，「差別」就是指辨別的界限，而當人開始有明亮感的「重點」就是刺激的界限。對明亮感的相反詞陰暗感，也會有這種的現象。至於從聲音的高度來說，一秒間有二十週期高度的聲音爲刺激的界限，而未滿這個高度的聲音，就不會以聲音來感覺，而只是以皮膚振動的感覺而已。

人們常說的「眼力很好」，對於一般人來講就是指在陰暗看不到的地方，有人卻能夠看得見東西。例如：以前的忍者，因爲曾經受過在黑暗中能辨識事物的訓練，所以連在陰暗的地方也可以工作。因此不論是辨別的界限或是刺激的界限，只要能使感覺變得更銳利的訓練，那麼感覺應該會有某些程度的延長。

除了重要，連色彩、光、及聲音等等其他的感覺，也有辨別的界限及刺激的界限

重量可以經由磅秤測量，就能實際地了解了。雖然光、色彩及聲音等也可以利用照明器或是音量計等等的儀器作爲測量。可是能將微妙的色彩表現出來的畫家，或是把聲音加以組合起來而能呈現出快樂旋律的作曲家，他們是自視甚高，自以爲與衆不同。事實上，只是這些人對於有關色彩及聲音的辨別界限和刺激界限稍微敏銳罷了，除此大家都是人。

現在列舉色彩爲例，色彩可分爲紅、綠、藍等，和白、灰、黑幾種。前三者稱爲有彩色，後三者稱爲無彩色。而以專門的知識來說，有彩色的又可以分成紅、黃、綠、藍、紫等等的色相。

不論有彩色或是無彩色，都具有明亮感的濃淡，這種稱之爲明度。而有彩色的又分成鮮豔的彩色和混濁的彩色，這種則稱爲彩度。

顏色有色相、明度、彩度之三種屬性（基準）。色相有紅（R）、黃（Y）、綠（G）、藍（B）、紫（P）等等的色相。而每種色相又有中間色，如：黃紅（YR）、

●色彩集中於一起會形成一立體

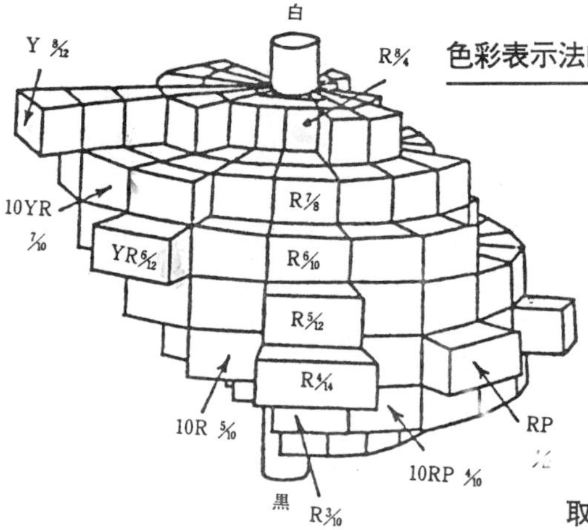

色彩表示法的色立體

取材自仙索理評估法

黃綠（YG）、藍綠（BG）、藍紫（BP）、紅紫（RP）等稱作十色相。各種色相又可細分成十種，因此而形成一〇〇種色相。

明度也是由零黑開始到白的十爲止，有十一個等級。而彩度是從無彩色的零開始，其中最鮮豔是十四。

利用這三種的組合，所構成的立體等級，稱爲色彩表示法的色立體。有趣的是這並非屬於一個完整的圓錐立體。這可能是因爲其中包含一些看不見的色彩在內，於是才形成如圖般這樣子的立體了。

人類對於「色別」的範圍，只及於此。

然而感性豐富的人，也不一定了解色彩表示法的色立體，就能夠知道微妙的色彩，而是利用自己的眼睛去感覺這種微妙的色彩來。所以曾經到過整座都是紅葉的山時，看過這種調和且美麗的色彩之後，常因此而受感動。只是辨別的界限及刺激的界限較低的人，也就是感度高的人，對於這整座滿佈紅葉的山看起來會比一般人所見的感覺，能把更美麗的變化發現的人，他們也都是靠「看」的經驗累積而來的。

少許之變也不會錯過，「仔細觀察」的結構是什麼

辨別的界限、刺激的界限就是表示感覺銳利。而感性豐富的證據之一，就是辨別的界限及刺激的界限低。

譬如以色彩探究有關辨別的界限時，對於微妙的色彩能夠感覺出，就是等於其辨別的界限小的意思。在整座遍佈紅葉樹的山中，其實裡面也包含有七度奤的「紅色」及紅葉樹的「紅色」，雖然同是紅色，但色澤卻略有不同，獲悉這種差別者，也就是辨別的界限小，因此才能看得出來。

若單以色彩來說，如果是經長時間的觀察或比較，大部分的人也都可以了解其中的差別。但如果此時是以聲音，這種差別更明顯。以聲音的高度來說，人類能夠聽到的範圍，是從二十赫至二萬赫（週期/秒）但這只是將聲音（是最標準的聲音、純音）的高度用數

字表示出來而已，並未表示音色。

其他如風的聲音、蟲的聲音、小提琴的聲音等各種的音色有好多種。譬如：會在聆聽昆蟲的聲音而吟詩沈思，這是因爲受到音色的感動，心像因此被喚起。至於歐美人對於昆蟲的聲音，卻將它當作雜音來聽，有人說這可能因爲東方人對於昆蟲的聲音，感受性特別的銳利吧！

再談談有關辨別的界限，辨別的界限小的人，常能辨別出各種聲音來，並且當時也會有許多的心像因此而膨脹。甚至連非常細小的聲音也能夠分辨，並留意聲音所出現的狀況。因此，辨別的界限小，感性就呈現更銳利了。

而刺激的界限小，對於變化的力量也會變得較敏感。最近飲食是個熱門話題，因此有不少這方面的行家，開始四處去找尋美味的食品，但有些名店的食物有很多是用化學調味料來調配的。當味道似乎嫌不足時，利用化學調味料將味道强調出來，不失爲簡便方法。但是如果用的是真材實料，再加上廚師的絕活手藝，就可以不必依賴化學調味料，甚至於可以烹調得比加了化學調味料的料理更加美味。可是我們從小開始，就已經習慣了化學調味料，甚至認爲加上化學調味料的料理才會好吃，倘若每個家庭能貫徹不用化學調味料來烹調，那麼我們就可以品嚐食物本身的美味了。

想對「這家餐館是否有使用化學調味料」進行判斷的辦法，就是對於化學調味料的刺激界限小，便能夠很敏感的反應出來。

所以刺激的界限愈小的人，反應就會更加敏感，似乎是令人易解的道理。

以辨別的界限來說，對於重四十公克的東西，需要有一公克的差異，才能夠感覺得到重量之差別，前已述及，但這是平均而言，然而其中也有些人對於〇．八公克的相差，也能夠感覺出來。而本書所指的感覺銳利的人，就是這一種人。

在企業社會中，對於工作場所中氣氛的變化，能夠很快地感覺出來，或是對於顧客說話聲音的音調及語氣中的變化，也能夠感覺得到的人，這些人通常被稱作是感覺銳利的人。雖然察言觀色只是雕蟲小技，但這對於時代的潮流和辨別的界限、刺激的界限之大小卻有關係。

並非任何人，都可勝任柏林交響樂團的指揮

管弦樂團中的指揮者，只是靠著一支小小的指揮棒，便能夠隨心所欲的指揮著近一百人。看起來似乎很讓人羨慕，或許有不少的人心中會想，希望自己也能夠拿著指揮棒指揮著那麼多人。

感覺鋭利的人對於少許差別和變化，也能夠辨別出來

但是要做個指揮家，據説耳朵要特別靈敏，不過只要學過音樂的人，對於Do、Re、Mi、Fa、Sol、La、Si、Do的聲音，應該都能夠分辨出來吧！

但是要清晰分辨Do、Mi、Sol或Do、Fa、La等多種和音，就不是件容易的事了。又對於在演奏曲子時，哪一個聲音的音程有脱節、長度不夠或旋律奇怪等等的情形，都要迅即感覺出來，這已不是屬於普通的聽力的範圍。

能夠了解從一首曲子的始末，對於歌曲的音程究竟是幾分之一的音程，或者有無脱節等等的人就是指揮家。雖然，有人的耳朵與生俱來十分靈敏，但是也需要對聲音之辨別能力加以訓練及磨練，才能夠成爲一位指揮家。

聽説有很多的指揮家是出身於打擊樂器

的，這是因爲打擊樂器的演奏時間較短，而聆聽他人演奏的情況較多的結果。因而對於弦樂器及管樂器的聲音，便能夠很自然地就能分辨出來，並且又能夠對於指揮者的神態冷靜地加以觀察，於是這種似乎就成爲一種對指揮家的訓練。

一旦成了一流的指揮者，簡直無法忍受那種失調的音程。聽說有某位指揮者，便對日本新幹線中所播放出音樂的音程有所詬病而極力抨擊。這是因爲指揮者對於聲音的辨別界限及刺激界限小，也就是說能控制好聲音，至於對於一些不講究聲音的人，聽起來似乎感覺無所謂，然而對於耳朵做了特別的訓練之一流指揮者來說，這種音樂對他不啻是爲一種噪音。

所以指揮者對於聲音和音譜都能夠分辨出真僞。以整體上來說，聲音是否調和，或聲音之強弱，都可以分辨的。

這些都是因爲刺激界限及辨別的界限小之故。但是光靠這些條件也無法成爲一位指揮者。做爲一位指揮者還需具有想像力，如果身爲指揮者缺乏這種想像力，那麽他就失去吸引聽衆的條件了。

所以卡拉楊的「第五」和小澤征爾的「第五」迴然不同之因，就是因爲兩人的想像力不同而造成的。因此要做爲指揮家，除了需要想像力，對聲音敏感，並且要有創作力，再加上表現力，至於有關表現力，容後敘述。

銳利的感覺，是基本訓練的基礎

辨別的界限、刺激的界限愈小，感覺就愈銳利。那麼要如何使辨別的界限及刺激的界限變得更小呢？

這些都需要靠基本的訓練，例如在接受聲音的訓練時，能夠在一開始便分辨出Do、Mi、Sol等的和音的人也不乏人在。但是無論如何，都需要先把Do、Re、Mi、Fa、Sol、La、Si、Do等先輸入大腦中，其次再將同樣是Do、Re、Mi，但是屬於哪一種的音程，也裝進腦袋中，瞭解了音程的高低後就需要對旋律進行瞭解，最後則是以聲音的強弱來學習音感的基礎。有關這種音感的測驗，音響心理學者海岸的測驗是頗富盛名的。

從這個爲基礎才是了解和音之始。至於食物感覺的專家，也是經過品嚐數十、數百家餐館後而得到的經驗。並且不止於一次，而是試吃了好幾次之後，才得以確定那一家的口味好。

吃過量，容易把肚子吃壞，但是如果沒有歷經這種過程，感覺（在這裡所指的是味覺）就無法獲知。據說就曾經有人在一星期之內，吃遍附近所有的麵食館。

想要成爲一位骨董的鑑別者，也需經過幾年辛苦的磨練，才能識其真僞。例如：想鑑別李朝的瓷器及茶器，當然先要到博物館去過數回，並且還需要用手實際地去接觸，才能夠判斷出是否爲真品。

每人都可以靠經驗和訓練來磨練感覺

對良窳之產品進行辨別作業，就如在工廠中一般所進行的官能檢查，亦即所謂檢瓶試驗。例如：瓶子中有裂痕的，是爲劣品，而瓶子中有泡沫的，也是屬於不良品。至於大裂痕及泡沫多的，一般人也一目瞭然。可是對於長年從事這種工作的人，就算是有小裂痕或是少許泡沫的，也能在很短的時間內進行觀察。但一般人也有一眼識出不良品的能力。

所謂檢瓶試驗，其實只要不斷地得到基礎的訓練，也能開拓出另一番新境界。但是只做到表面的基礎，就無法達到這種地步了。這是累積幾百次、幾千次的經驗而成的，然後對於微妙的差別及變化，也能夠立即發現。

現在再以車子表面的塗裝爲例，車子的塗裝，可根據灰度比例測試之色彩樣本書，從黑色到灰色、白色等，將色彩微妙的變化表露出來。這個樣本書，會將前面所說的色彩表示法之色立體的明度軸，用更微妙方式表現。

準備塗裝的時候，首先和已經決定的樣本色彩先作比較，使塗裝的色彩更接近樣本的色彩，此時，色彩的差別，以外行人是無法辨別的，但是對於長年從事於表面塗裝工作的人來講，並非難事。

如上所述，在感性中佔很大比例的感覺，需要靠不斷地磨練，才能夠使它變得更加銳利。

「看起來，球是停止的」也是經驗所造成的

具有「打擊之神」美譽的某棒球名將，做了以下很有趣的敘述：在棒球界中的職業棒球手而言，經過揮棒練習打球一千次的訓練後；對於一般飛過來的球，絕不會認爲那是一個可以揮棒的球，所以只要有穩固的基礎，也就能夠很簡單地加以判斷而揮棒了。

可是令人恐懼的是遇到不規則球路的球，因爲這種球速是以一百五十公里的速度飛過來，所以心中當然會產生害怕的心理。假設遇到不規則的球路，既是無法預測的球路，使得害怕的心理更加强烈，但是有過接觸三百球以上的經驗後，害怕的心理便會減輕，而且形成腦子空洞，只要看到球飛過來時，身體自然就會移動起來。所以雖然是不規則的球路，在無意識中也會揮棒。這是種不經大腦思考的移動身體，是謂反射性動作。

在這種情況下，已然毫無時間觀念了，同時疲勞感也會漸次消失，並且會產生要持續下去的心理。又如從事慢跑運動的時候，據說也是經過跑了一段距離後，就會有能一直持續跑著的心理狀態。所以專門慢跑的人和接受一千次打球練習的人，到了後來，其心理形態都如出一轍。

至於他所說的球「看起來是停止的」這句話也頗饒趣味性，這就表示在打擊練習中，身體和球棒是成爲一體的。所以當球飛過來時，雖然自己毫無意識，然而球棒卻會自動地揮出，就是這個時候，球看起來是停止之意。

然而類似這種的感覺，並不是隨時都能體會得到，而且常常當心裡認爲「就是這種」時便會立刻消失。但是自從在一九五〇年的夏天，我得到了這種打擊心得之後，認爲「就是這種」的感覺，我想一生中都不會消失。

棒球名將之語「就是這種」，據說其言得自於「第六感」，乍聽之下似乎是一句極爲神秘的話。但是要得到這「第六感」，就是指在不斷地練習打球，所得的選球眼光。因此對於可以揮棒打擊的球和不可揮棒打擊的球之間微妙的區別，就會較其他的選手判斷得更爲精確。這也是經驗可以使感覺得到更加磨練的一個例子。

測量感性的方法2

欲求、願望的強度高，能使感性變得更加銳利

意欲弱，感情及感覺的比例也會因此變小

據說日本目前知名度極高的女明星，淺野優子，淺野溫子等人所推出的『時裝』刊物二萬本，於一週內售罄一空，而且一個月內可賣出十萬本以上，由這情形看來，可知其受歡迎程度。日本年輕女孩竟一本正經地談論著淺野優子究竟要穿哪一種服飾，要搭配哪種裝飾品？

凡是女性，每個人都有想讓自己更加美麗的欲求。於攬鏡自照時，總是設法讓自己看來更美，於是從服飾、髮型方面費心。而當她走在馬路上時，也會拿對方和自己比較，所以有讓自己更加美麗的強烈欲求的女性，對於服裝也非常地講究。

可是也有例外的，就是毫不講究飾物配件的人，那是因爲他自認醜陋，所以即使披金戴銀，也無法改變自己的容貌。所以當這種人看到美麗的女性後，一點兒也不想與之一爭

長短的。

事實上，如果欠缺某些程度的意欲，感情就不容易產生出來，因此假定沒有想要這樣子做、想要那樣子做的意欲時，感情就不會湧出。而想要讓自己更美麗也是屬於感情之一，所以如果不想使自己美麗，也不懂什麽是美麗，當然也就不能成爲美麗的人。

以企業家而言，一個想要讓工作進行得很完美的人，對於自己及他人都要求極爲嚴格，有關工作的完成或工作中途的流程，雖然只是大略展閱，卻能隨時發現缺點及不完備的地方。這是因爲對工作的欲求極爲强烈，因此感性呈現出銳利的狀態，這種例子比比皆是。

對於升遷願望强烈的人，相對地對人事的調動也就非常的關心。例如：和自己同一時期進入公司的人，晉升比自己快而當上課長時，心中不免百思不解吧！同時，認爲自己該怎麼做才好呢？不過，此際所思所想，根本不是工作方面的表現，而是能一步登天的方法吧。

對於工作意欲低，只認爲「能完成六成就可以了」這種想法的人，就不可能發現工作上的問題。結果別說是六成，就連一半也做不到。

所以當意欲高的時候，感性也會變得銳利。然而之所以還會產生出問題，是因爲感性過分的遲鈍，使自己的欲求和結果產生懸殊而敏感所致。又因親眼目睹這種差距，使自己受到創傷，甚至有時候會因此而患分裂症或躁鬱病。

因此，欲求是無止盡的，所以到了某一程度時，就有必要做自我控制，這點是很重要的。同時也應了解自己能力所能做到的界限範圍，這也是不容忽視的，當眼睛看到差距時，就會產生欲求不滿的現象，而對於這種欲求不滿的耐性，應趁年輕時就加以磨練，這同樣是很重要的。

欲求及願望的目的地，也會有想像的時候

指揮者常是一邊看著樂譜，一邊讓自己的想像力膨脹起來，事實上也是一邊在指揮樂團，一邊在發揮想像力。雖然每個人都可以讀出相同的樂譜，但是想像卻會因人而異。所以同樣的一首曲子由樂團演奏，卻會隨著指揮者，而給予聽衆完全不同的印象，也就是這個想像的差別所造成的。

所以要將欲求及願望提昇爲一種想像，也是非常重要的。可是要如何磨練感性呢？首先可以先將眼光朝向自己喜愛的事物開始，這也是一種理想的方法，然後再使你所追求的成爲一種想像，所以想要擁有這種生活，最好能夠經過生活的設計。

「想要成為這樣子」的欲求、願望和銳利的感性有連帶的關係

現在就比喻人生爲蓋房子，譬如心中渴望過舒適的生活時，腦海中便會有房間需要多寬大，起居室要朝南、並且光線良好，以及院子中是種樹，還是種花好呢？……等等很多的想法。

以建造房子想過舒適生活的這種抽象式的想法，最後都會歸納成一種想像出現。除了房子，還有嗜好、興趣、或是購車，欲求也會變成更具體的出現。

利用這種方式，具有想像以後，欲求以及願望也就能變得更加地明顯。因爲欲求和願望賦予了想像之後，就會變成目的。而爲了使這個目的能夠實現，該如何做才好？經常都得保持著敏感的狀態，這也等於讓感性維持在銳利的狀態。

當然這種情況也不僅僅只限於個人的生活而已，例如對於新商品的開發或新的企劃都是可以應用的。而且不論是新商品或是新企劃，都並不是只靠一些零碎的要素來構成的，而是要在一開始時便建立起想像，然後再將想像用一種又一種的形態表示出來。所以，譬如當你已有了這是屬於女孩子所使用的文具之想像時，那麼對於形狀是圓是方，甚至是大是小等，都自然會有所決定的。或者是當單身男性在吃早點時，對於要吃那種東西才好，也都會自然而然地知道。

所以說「想要這樣子」、「想要那樣子」，有了很明顯的想像之後，能夠使感性維持銳利的狀態。

只要生命力旺盛，感性也會因此而豐富，於是也能完成一番大事業

「生命力」强是欲求及願望的基礎，而用心理學的專門用語來說，近似「生命力」的解釋就是「動機」（motivation）。簡單地說也就是有「想要更加地生存下去，想要有更好的工作，想讓自己得到更加的滿足」等等的欲求。

當你具有「想要更加地生存下去」這種堅強的生命時，當然你的生存方法將會變得更積極、更向前推動。好奇心也會變得更旺盛、朝氣蓬勃的，對於一切生物，都會流露出興

趣感來。假設你又是一位藝術家時，就有一股想要完成更好的作品之熱情來，所以他的生命力之發展，指的就是作品，這樣想也並非不可吧！因此在高齡藝術家的作品中，卻能夠看見很新鮮且充滿朝氣的作品，這是因爲他們將對於人生想要活得更久之堅强生命力，直接地表現在作品上。

所以會讓人感覺有强大生命力的人，才能夠在工作上有完美的作品出現。當然他的感性也是相當豐富的。其實，每一個人都該擁有這種生命力，只是對於自己的生命力會經常地去注意的人卻很少。

尤其是當他還年輕時，根本不在意的意義，但是他一旦能發覺到自己的生命力時，感性也會從此毫無疑問地跟著擴大起來。

「朝向高級」的欲求升高，改變了消費者的感性本質

最近類似「感性商品」、「感性消費」等用語，經常地被使用者。例如「感性消費」就常被拿來和「理性消費」做爲對照形態的使用情況很多，當你在選擇一種商品的時候，是以這一種商品的外觀令人舒服，很理想等理由來消費，就被稱作是「感性消費」。所以「感性商品」就是訴諸於感性消費的商品。並且强調功能不如設計來得重要，而內容又不

如靠產品之命名閃亮悅耳，指的就是這類的商品。

前述之研究官能檢查，便是用來調查消費者的志向，而後提供給新製品的企劃做爲參考的資料。而最近在消費者的志向調查報告中，不少人訴求與感性有關，所以這也可以做爲說明感性商品已經成爲主流的證據。

但是消費者中所謂的感性，換言之，就是指欲求及願望的强度，例如以一部車子來說，從車子的外觀形態、設計、價格、燃料費、舒適性、靜音等等馬力的要素，由這些當中去感覺欲求最高的是哪一項要素。

以往，車子講究的是耐久消費財產，所以車子的耐久性，燃料費才是消費者最關心的事。而現在轉移爲車子的設計及價格，這種現象很可能是因爲生活已經變得較過去更豐裕使然吧！而且不只是車子，幾乎所有情形都是以高級製品爲指標。

在朝向高級製品的背後，固然有因生活豐裕的因素，但也含有一種身份地位之象徵的意義。以擁有這些高級的東西，藉此來證明自己是屬於上流上會人士。

似乎有許多人雖然本身是屬於中產階級，但是卻擁有中級以上的東西時，便希望自己能夠進入上流階級，更希望人們把他們歸類爲上流階級的人士，類似這種的願望。不過這種趨勢，似乎已漸漸改變了消費者感性的本質，即使是相同的東西，人們都會以高級商品焦點的傾向，以汽車爲喻，外國進口的轎車之所以較引人注目，也是基於此種背景。

因此更高級的、價位高者，已經成爲消費的基準了。例如，目前在品牌的選擇上，大衆也都有朝向高級爲主的傾向。

如果「豐裕」會和「欲求、願望」成反比時，國人的感性會變得如何呢？

上述之生命力是爲個人方面的問題，然而國家整體的生命力也和個人的感性息息相關的。

從結論來說，目前國人的生命力已讓人感覺是在走向下坡。國人的生命力原本是極爲强壯的，這可舉校園紛爭最激烈的時期爲例子。

事實上，學生運動，就是生命力的一種表露。當時的學生已認爲從此以後的時代企業將和學問連結在一起發展，而且更進一步地發展與軍事相連接。所以在當時便產生了兩種觀念的分歧，一種認爲學問如果不是單純進行，人類將缺乏正確的發展，這類是屬於學院派的抗爭。而另一種是，大學保持此現狀是否正確的看法？

對於這兩方面的問題，大學方面不置可否，而且這個運動也無疾而終。但自此後，大學的入學考試變得更加困難，許多人開始認爲只要能進入好的大學，將來便能夠進入一流的企業，這種的想法更有蔓延的趨勢。

有關學生運動姑且不談，從七〇年代由於國內的經濟已有快速成長，雖然在七三年因爲遇到石油危機，使得成長的步調受阻而下降，但是持續地成長著。

可是自從進入一九九〇代，似乎讓人感覺到時下的年輕人之生命力在降低，例如：工學院的學生，對於將來的基幹產業仍是一個很重要的支柱。然而或許是因爲薪水較低之故，他們都不想在製造業發展。而他們都是想進入保險公司或是銀行等的服務業。這種缺乏製造產業的欲求，可以稱得上缺乏生命力的證據吧！

馬克雷蘭特這位心理學家，曾經對於各國小學中的國語教科書內，調查究竟和「有意自動自發的做」有相關連的話出現過幾次。他便曾表示，這句話所出現的次數，和這個國家是否隆盛有相當的關係。然而現在在我國小學中的國語教科書裡面，像這種的字句，又到底出現了多少次呢？

如果失去「想要學習」的求知慾，感性也會因此而衰弱

數年前我曾有個到美國大學訪問的機會，卻發現了一件令我感到驚訝的事，那就是有許多上了年紀的人，以及抱著小孩子的母親都在上大學。

據說想進入美國的大學並不困難，但想順利畢業則非易事。這也表示大學之門是爲任何人所敞開的。

再以學生來說，一旦發現選錯科系，轉系也很容易。甚至還有一些已有經濟能力的人，花了將近十年以上的時間才從大學畢業。

然而目前的企業，似乎不再那麼重視畢業於那所大學。反而是以你究竟能夠做些什麼事爲原則，而思考是否錄用。同時，對於年齡的大小也很淡然。所以在進入企業之後，一生都在同一家企業服務的人很少。

情形演變成爲如此，和普及大學教育有關。因此有不少上了年紀的人，可以和年輕人一起同享上大學之樂趣，其本身不只旁聽而已，而是積極主動地參與，遇有不解之處，便向其他同學借筆記參考，或是查閱書本，或是借書來看，非常用心地學習；這種現象，的確十分可喜。

只要能具有想要學習、想要知識的求知慾時，感性的年齡也就不會老化。相反地，如果沒有「我要知道」的欲求時，即使是實際的年齡還未變老，然而這個人的感性卻會變得衰老。所以雖然社會體制已有所不同，求知慾依然是不可或缺的。

測量感性的方法3

新的刺激之多少，具有影響能否使感性變得更豐富的因素

所受到的刺激少，感覺及感情的反應也會因而減少

我曾經採訪過某家大型不動產公司的董事長，主題是退休之後，要住在哪裡？然而那位董事長說，一般人在退休之後，多半想搬到鄉下去，過著舒適寧靜的生活，這種想法的人很多。對於這點，我個人不表贊成，一旦在退休之後，受到社會的刺激當然會變得更加缺乏。而當你還在工作時，不論你是否很能幹，卻一定會受到某些的刺激，而這種刺激卻於退休後逐漸消失，爾後又到鄉下過著隱居的生活，與都市中所有的刺激幾乎隔絕，於是自然而然地，刺激便會不斷地減少。

所以一位不動產公司的董事長，就以此爲契機在接近市區中心，買一棟公寓，而且必需緊鄰著都會區，即使於參觀展覽會或是音樂會之後，很快地就能夠回到家，而不覺得勞累。如此，他也就同樣地可以感受到都市的刺激，所以「老年人更應該住在市區」，就是

這個人所持的理論。

我承認他的話，很有道理。因爲如果所受到的刺激減少，感性也會因此變得遲鈍。當然我並非不了解當我們受到時間的壓迫，過著緊張的都市生活，都會產生要脫離這種環境的心理。然而如果從保持有銳利的感性來看，住在都市裡也許是有必要的。

所受到的刺激愈多，感性也才能得到更多的磨練，所以我們也就可以說，感性是要受到刺激才能推動的。以文學家來做例子，他們常讓自己陷入苦境中，而藉此感受到刺激，或是去追求普通人不會想去追求的事物，然後再將這種經驗，反應在他們的作品上。曾經就有一位作者憑著自己的經驗，寫了『流浪記』這本書，便是一個極明顯的例子。

一旦只是住在安樂舒適的地方，感性是無法感受到刺激的。對於日常這句話，有人就用非日常這句話來替換，也就是要讓自己置身在非日常的環境，或是創造出非日常的世界來，這是有其必要性的。

諸如此類的事，似乎用筆墨難以表達，但是若能讓自己置身在小說或是電影的世界中，讓自己完全化身爲主角，而去體會這種經驗，也是一個很好的方法。或是去欣賞歌劇、參觀展覽會等，也都可以成爲一種很好的刺激來源。更誇張地說，將自己目前的生活，做一百八十度的轉變，也會成爲刺激的。

刺激愈少，人就愈易退化，這是很自然的事，因爲沒有喜、怒、哀、樂、憂、懼等情動產生出來。在第一章時已經提到過，當感情受到强烈的刺激，而產生的突然之零亂狀態，在心理學上稱爲情動。而會產生情動是因爲環境突然發生變化，自己又對於所遇到的狀態，無法冷靜地進一步的判斷。

這種反應通常會先以「驚愕」的形式表現出來，經過了驚愕之後，才會對新的環境和事物有所反應。當所受的刺激少，情動的最初反應——驚愕便不會出現，而當驚愕不出現，也就不會有情動的作用產生。控制著感情以及情動的是大腦皮質，所以當大腦皮質的作用衰弱時，感情及情動就會有退化的現象。

當然，連帶地喜、怒、哀、樂、憂、懼等的情動也不會產生作用。所以若想要讓感性保持在豐富的狀態，就需要常常受到刺激才行。

隨著年齡的增加，容易流淚是因為淚腺之故嗎？

相信一定有不少上了年紀的人，在他們看到了電視連續劇中的悲傷場面時，便不由自己地流出眼淚，心中便會想是因爲「最近的淚腺，變得較脆弱……」，一般人都認爲，年紀大了，動輒掉眼淚。然而這眼淚並不只是因爲淚腺變得脆弱所造成的而已。

隨著年齡的增加，變得較易流淚的理由之一，就是因爲得到更多的經驗，對於事物的觀察會更加地深刻，而使得容易流出眼淚來。當我們還年輕時，多認爲凡事都可以合理的方式來解決的，然而隨著年歲的增長，才發現十年前、十年後的見地是不相同的，這也就意謂著成熟是漸進的。

另外一個原因，就是對社會的情況及自己的力量已有某種程度的瞭解了。所以當你遇到靠自己的力量無法處理的情況時，卻能夠獲得意想不到的幫助，因此而得到成功的情形也有。當這種情況又和推動社會這股大力量接觸的時候，便會因此受感動而流淚，這也就是因爲人老閱歷漸多所造成的。

每個人有了孩子後，也是個人生的考驗。小孩子既是惹人憐愛，也令人嫌煩。例如：渴望寧靜時，小孩子卻不聽使喚地大聲哭鬧著，甚至於撒尿，非得自己動手幫他換尿片等情況也屢見不鮮。

再者，假定和一位美麗的女性在一起，而且這位女性是個完美的化身，和這種女性在一起，簡直置身於飄然的仙境，令人忘卻世俗的煩惱。而事實上並不盡然，她也有令人快樂，也有令人痛苦的情事，因而才有愛恨之說，換句話說，對人類而言，愛恨交加的狀態，才是最理想的狀態。因此於領略了小孩子可愛的一面後，人生也才會感覺更加地有意義。所以不只是要知道其正面而已，對於負面的好處也一定要有所了解，這也等於是一種好壞經驗的累積。

所以想要保持豐富的感性狀態時，首先便要接受各種的刺激。因此，年歲的增長等於就是刺激量的增加。

同樣地，有位年輕人想進行某個計畫，而且非達到成功不可時，他在腦中所思所想，充其量只是想要這樣子或是想要那樣子而已。但是，在年長者心中，除了成功的景氣外，也一併將失敗的疑慮含概於內，這是後者處事慎重的表現。

從這觀點而言，似乎只有負面的感覺。但是若單從刺激這點來看，在付諸行動時，等於是要受到正面及負面的兩種刺激，經過如此而慢慢地加深經驗的。

現在再回溯淚腺的話題，一個人因爲老化，無法擅加控制自己的情動，而變得很容易地就流淚。像這種情況只是因爲老化的關係而產生的，和感性是不相同的，在此需要做附帶說明。

「啟示」不會從「習慣」產生而來

一個人能在起床時，會有心血來潮的某種啓示產生，這是一種很好的現象。譬如，當我們在寫一篇論文時，經常會遇到文思阻塞，只得停下筆來。

有此情狀發生時，最好的辦法是將筆擱下，然後去睡一覺，到了第二天，一定會得到些啓示。這是因爲經過了睡眠之後，把一種的情況切斷的意思，並且是完整的中斷，如此一來，往往會有意想不到的形態啓示出現。

我自己也常常有啓示出現，但是啓示出現的時間都是在清晨黎明的時刻，所以在我的枕頭邊一定放有紙和筆，遇到福至心靈時，就隨時將它記錄下來，其後雖也有迷惑不解的句子，但是因此而成爲啓示的也不少。以筆者而言，啓示之靈感只見於清晨。

不論從事任何事情，必定都會有習慣的產生。若要消除這種習慣，就必須停止那些單調的作業，並於停止後切莫忘了找尋別的刺激以改變自己，這是件很重要的事。

所以偶爾能到國外旅行，也是一種很好的刺激。譬如自助旅行或是瘋狂玩樂，都有必要。

如果一直持續地從事單調的作業，便會有習慣產生。例如：在從事寫稿的勞心工作時，也會形成一種習慣。

睡眠能使腦筋活躍起來嗎？

前面所提過的，在早晨常會出現很多的啓示，這種現象，可以說是因爲睡眠的作用。事實上，當一個人在睡眠狀態，腦筋依然在活動；和心臟相同沒有做任何片刻的休息。所以腦筋就將在白天所遇到的事或是所想到的事，經過整理後，深刻地記在腦中。

若以排球比賽來做爲比喻，指的就是作戰時間。爲了要研究作戰的方法，腦筋便開始進行研究。

睡眠，又分深睡及淺睡兩種，當睡著了之後，會做夢或說夢話，這是屬於淺睡的情形。而且據說在淺睡階段，腦筋正在頭部進行整理。

經過了睡眠而讓腦筋恢復了精神，然後再開始工作，才是最理想的方式。所以早睡早起的人，腦筋較保持清醒。

因通宵熬夜而晚睡晚起者，不如早睡早起的人對於計算能力及手指的運用作業能力高。所以在晚上需要睡覺的時候，與其硬撐，倒不如早點去睡覺，然後利用上午已經恢復了精神的腦筋再來工作，這才比較合適吧！

測量感性的方法④

能將自己的感情排除先入為主的觀念以及拒絕反應時，便是感性豐富的狀態

不論多麼豐富的感情，也會經由經驗的法則而起變化

我生長於鄉下，所以和都市人比起來顯得土氣，因而常被欺負。但在鄉下長大也有好處，那便是我對於事物能坦率地感動。例如：對於在都市長大的人來說，都市的一切已司空見慣，可是對我而言，它卻充滿著新鮮，因而容易被感動。

人自呱呱墜地以後，便一分一秒地開始累積經驗。當然這也和出生地有關。如以父母為主的家庭環境、教育環境，和種種的刺激都會成爲經驗，而感性也會受到這種經驗的左右。

例如，在鄉下大自然環境中長大的人，來到都市之後，就要忍受由各種車輛所排出的廢氣，而造成的空氣污染，以及穿梭不斷的人群，而無法領略出屬於都市的美貌。

假使也早已自衆人口中獲悉都市只是髒亂，毫無秩序的印象，耳濡目染下，對都市的

嫌惡感已經出現在先，所以想要對這種人進行一番洗禮，是頗費周章的，因爲他已有了根深蒂固的觀念。

這種先入爲主的觀念，爲致使感性變得遲鈍的一種原因。如果能摒棄這種先入觀及固定觀，來觀察事物或和人群接觸，那麼必定會有更多的情感湧出。然而這種先入觀及固定觀是從經驗所產生出來的，所以當你在做某一件事時，如果發覺已有先入觀或固定觀，那麼也都是由經驗所帶來的。

所以盡可能地將先入觀及固定觀消除，就可增加遇到新的感情或純粹的感情機會。所以爲了要遇到新鮮的刺激，便可以盡量多裝設幾個天線，多多去打聽一些消息，但是需要使這些天線具有好感度，才有意義。

一家女性刊物的負責人，當他年輕的時候，曾經說過決定讓自己在一天內要和十個人見面，當然和十個人見面並不是主要的目的，而是想分享十個人的感動，也許這才是最重要的吧！對於能夠彼此分享感動的人，想要在一個月內要找到一位，也是件很不容易的事吧！

並不是具有純樸的個性便能夠經常會受感動，而是一定也要有銳利感的配合。想要遇見可以分享感動的人，則需要具有銳利感的條件。若只是以普通方式和他人見面，這種只能稱作是名片式的交換，雖然名片的數量是增加了，但充其量只是屬於擦身而過而已。倘若真的想要遇見「可以交往」的人時，就需要設法做到讓對方來真正面對自己。這是個前提。

要能夠達到坦率、深深地而又敏銳地受感動的情形也是不容忽視。生活在繁忙的都市中的人，雖然很擅長觀察，但是卻失去了純樸的感動。尤其在目前現實的社會裡，這種傾向變得更加地强烈。

能坦率地「受感動」及「將感情移入」，便是感性豐富的狀態

我們經常可在電視節目中的廣告看到「面對悲傷的劇情令人落淚，或是也爲悲傷的情節終有幸福的結局而流淚」，然而前面曾提過，在現代社會裡可讓我們流淚的情況，似乎已經變少了。

根據精神醫學家的說法，當第二次世界大戰剛結束後，「慈母類」這種內容的電影比比皆是，這種賺人眼淚的電影，在當時之所以非常盛行，或許和當時陰暗的社會有關，當觀衆看見還有比自己過著更辛苦、更可憐的生活時，便會萌生同情感，而潸然淚下。

和當時的情況比較，因爲現代物質豐裕，因此會讓人流淚的機會也就較少。然而不論

「能感動」、「能將感情移入」就是感性豐富的狀態

是處在哪一種時代，能被感動仍是件好事。

據說，「沙拉紀念日」的作者，就是一位容易流淚的人。

目前她已辭去教鞭。據說她還任教時，通常都把課堂上的進度，先在家中充分準備的一位認真負責的老師。但是有一次因爲男學生頑皮不聽話，使得她在教室裡忍不住傷心而泣，然而事後當班上的代表來向她道歉時，她又感動地哭了起來。

「我對於所遇到的人，很容易受感動，絲毫不覺得厭惡……即使能遇到一個情場失意，或是滿懷傷心回憶的人，也視爲一件好事，因爲這也能令我興起感動的念頭……」或許就是因爲她擁有感動的感性，才能創作出「沙拉紀念日」的佳作吧！

所以當我們在看小說或是電影時，若能將感情轉移至主角的身上，和主角一起流淚，一起生氣等，這也是感性豐富的證明。以電影來說，不只是看戀愛劇情片會如此而已，假使連看了武俠打鬥片時，也能將感情轉移至主角身上，那也就可以說是感性很豐富的人了。所以既然想流淚，不如去電影院，因爲電影院內一片昏暗，再加上電影的配合，即使落淚，亦不爲人知。

「害羞」是阻礙感性主因

『一杯泡麵』是日本轟動一時的童話創作。據聞這個故事在日本的國會中成了競相討論的話題。記得當時在預算委員會中，在野黨的國會議員，對於目前社會上還有這麼多人仍在過著如此艱苦的生活，所以特別推薦出來。

不容否認的，故事內容深刻，很容易博得人們之同情，所以曾經某雜誌說：在讀了「一杯泡麵」這本書之後，而不落淚者等於是個沒有感性的人。這或嫌誇張了些，但是毫無疑問地，是一篇感人肺腑的文章。

如果光是從感性來探討的話，認爲在看完『一杯泡麵』而會流淚的，就是感性豐富的狀態。現在就把這本書分成四類來探討吧！

①偶然發現這本作品，而且是一個人看完了而流淚。
②聽到他人說這是本好作品，而且一個人看了內容後而流淚。
③偶然發現這本作品，而在他人面前看完了而流淚。
④聽到他人說這是本好作品，而且在他人面前看完了而流淚。

這四種的分類，都是屬於感性。但是①和③是真正擁有感性，然而①又不如③的感性豐富，可在他人面前大方地流出淚來，這就是感性更豐富的證明。至於②和④則是因爲已經先有「好的作品」的固定觀念之作用，才流出眼淚的吧！

又假定在閱讀作品之前，就已將「與其評論作品之好壞，不如先對作者之品行是否有問題先作探討」等的週刊雜誌之報導，留在腦海裡時，那麼對於這種的作品，又怎麼會流淚呢？基於此種心理作用的作祟示，因而，讓人流淚的情況便減少了。

這是因爲受先入觀念的影響，而使得感性受到阻礙。事實上，對作品之本身所感動才是正確的，然而固定觀念及害羞阻礙著感性的泉源。基本上，在他人面前流眼淚是一件很尷尬的事，所以不願讓他人看見，一旦對「他人的眼光」產生意識時，便會有害羞的心理出現。

會意識到「他人的眼光」這是當然的。但是若從感性的立場來看，會造成心理作用的情況很多。如果能夠做到不去理會「他人的眼光」而流淚或哈哈大笑一番，果真如此，相信能發揮感性作用。

也許是「有人在看著」，但只要在社會道德之範圍內，所以就算在他人面前流淚，也是和社會道德一點也沒關係。因此當我們看見一位可愛的小孩子時，會和他微笑一番，這應該不是一件壞事吧！

其實，因爲大人才有種難爲情的心理，如果是小孩子，當他們遇到很有趣的事時，身體便立刻朝向有趣的事情那個方向來移動。大方又何妨也學學小孩子，遇見有趣的事，便探頭出來觀看，相信對感性會產生正面的作用。或許這麼做，有欠失禮，但別作如此想即成。

對於異質的東西，無法坦率地去接觸，就是單一民族特有的固定觀念

我很欽佩美國人的一點，便是他們勇於暢所欲言，這或許是因爲民族天性使然。例如：若某個想發表其個人構想時，那麼不論是屬於那一種立場的人，都有必要表現出仔細聆聽的態度，而且在當時絕對沒有任何的派系主義存在。

這可能是屬於多民族國家的美國，國家的特徵表現吧！與之相較，國人所考慮的就太

多了。這或許是因爲我們生長於島國的自由民族吧！

但如日本的象棋，若將對方的棋子取下之後，還可以將它視爲自己的棋子繼續使用的遊戲規則，在世界上倒是少見的。因爲不論是中國的象棋或是西洋棋等，都無此規定。

但在戰勝了對手之後，仍要禮遇對方，因爲也許對方會在自己毫無防備下進入陣營，所以在遇到這種的情況時，立場會變得很尷尬，所以要能先體會對方的心理。

原來這種心理的深處，是在建立對異質之物排除的作用。所以假設是同一民族，就允許有這種的感情存在，也會發展成爲因爲對方和自己是同鄉的因素，而能容許他如此的情況。這可以用來形容排除異質的道理。

我於抵達美國之後，强烈地感覺到自己是異邦人，但仍有聆聽對方想法的度量。

異質的東西，換句話說就是和自己本身是不相同的，並且是思想較突出者。而感性受到這方面的刺激也很不少。

測量感性的方法5

擁有銳利的感覺、坦率的感情，假使沒有適當的表現手段，便不能稱是具有豐富的感性。

憑著由五感所得到的感覺及湧現而出的感情，能夠確實地表達，才會有感性出現

語言，是在那種情況下產生出來的呢?在『言語起源論』中，有說成是「從眼睛、耳朵等完全不同的感覺中，所得到的情報，需要靠大腦來統合的時候，語言便產生出來了」。

而這句話讓人覺得，這對敘述感性是極重要的說明。這也等於是說，透過感覺所得到的情報，若無法利用語言以表示出來，便不能稱得上是有豐富的感性。

例如，以辨別香味爲專門職業的人，當他們發現了一種芳香的香料時，如果無法將這種新發現的香料，以「夜間飛行」或是「迪奧」等等的特別名稱作爲表示，那麼將很不容易吸引人們的注意。

因爲從「夜間飛行」名稱的形象，讓我們在和這種香味接觸的時刻，會使人有這的確

是美好香味的感覺產生。雖然當我們聞到某種香味時，也能夠判斷出這種香味的良窳，然而當這種香味更進一步地成爲一種代表性之物時，我們就會萌生購買的慾望。

譬如說精通料理者，若他只限於「好吃」或「難吃」這兩句話而已，那麼他就不能被稱作是位美食家。如果他能明確指出那一家餐館食物美味較爲正宗，正是其異於其他餐館之特點，才是名副其實的美食專家。

人的感性是一種很奇妙的表現，而感性就是等於感覺加上感情，但其中也包含著一個未知數（α），不如說這個未知數之一便是表現。

想要能夠巧妙地表現，是需要某種程度的教育。例如，一位音樂家想要利用樂器來表現時，則先要學會這種樂器，假使一位作曲家不懂得音階時，那麼浮在腦海中的旋律，就無法傳遞給他人了。

譬如說在拍攝電影的時候，如果不懂得如何將場景串連起來的「電影文法」，那麼便無法拍成電影。所以如果沒有某些程度的教育，在表現上則顯得困難重重。

而和教育同等重要的，就是要學習對某種東西的評估方法。以香水爲例子，對於已完成的香水，要如何替它們定位，是件很重要的事。以植物性的香料來說，對於哪一階層年齡的人在哪種場合適用？如果未作這種「評估」，便無法向一般人推銷。這種沒有達到一定水準的東西，自是不能成爲商品，也不可能讓顧客選購了。

教育就是知識。對於能判斷出幾百種不同味道香水的人，不只是因爲他們的嗅覺經驗的訓練超過常人，而且他們也具有對於味道微妙的差別，能夠用言語表示的能力。當然這也是靠經驗所累積起來的知識。現在將表示香味的基本語言，刊載在下一頁，希望能作爲讀者聞到香味時，表示的參考吧！

能將五感所感覺到的事情以及自己心中的想法，能夠用語言以外的方式表示者，是藝術家的特質

當我們從五感中所感覺的事情時，首先都會以言語表示。例如「好美的景色」、「令人迷惑之語」等等這類的話，經由口中說出，而傳遞給對方。

但是對於畫家或作家等藝術家們，並不只是利用言語這種形態來將他們的感動表示出來。例如：看見美麗的櫻花時，我們通常都會認爲「好漂亮」，但是畫家卻將所感觸的「好漂亮」，已在腦海不斷地追究而加以勾勒。他們一方面在描繪眼前的櫻花，而另一方面也將心理上所認爲的美麗感覺，寄託在櫻花這幅畫上。而且要讓人們對於畫中的櫻花看起來較真實的櫻花更美麗，這樣子的感動出現。因此我們可以說畫家在描繪這幅畫，是在描繪著自己的感情以及心象的風景。

●香味的表現方式有這麼多

●自然的	213	●冷淡的	10
●人工的	20	●輕爽的	248
●表面的	7	●擴張的	29
●深刻的	68	●强而有力的	7
●甘甜	161	●化學式的	19
●苦	22	●印象式的	42
●辣	17	●容易親和的	83
●年輕人式的	53	●性感的	68
●成人的	56	●醫藥式的	16
●單純的	89	●像肥皂般的	133
●複雜的	14	●有清潔感的	177
●沈重的	26	●高級的	83
●輕快的	83	●講究的	94
●幻想式的	45	●羅曼蒂克的	99
●現實的	6	●現代式的	20
●嶄新的	15	●古典式的	38
●常見的	47	●親和的	127
●調和的	55	●調和的	53
●銳利的	59	●濃厚的	31
●樸素的	50	●艷麗的	113
●華麗的	99	●高雅的	181
●有個性的	74	●舒適的	41
●平凡的	37	●健康的	83
●男性式的	66	●若無其事的	135
●女性式的	143	●穩重的	84
●纖細的	58	●濃艷的	69
●粗野的	7	●有個性的	51
●開朗的	42	●像花般的	152
●陰暗的	7	●像水果般的	139
●躍動的	26	●老練的	49
●寧靜的	20	●淡黑的	61
●濃厚的	63	●動物般的	40
●淡泊的	41	●感覺夜晚般的	23
●溫和的	123	●幼稚的	54
●嚴肅的	10	●男女兩用的	38
●溫暖的	29	●都市的	44

表中的數字是調查香味的種類的官能檢查。
這是調查342名中所舉出用語的人。

假定真是如此全神貫注而描繪這幅畫，那麼便可以打動任何人的心靈。因此就連原本對畫無動於衷者，當他看到這種的畫時，也會由衷地認同藝術之美好。

所以有關藝術家特質的表現手段，則不限定只有語言而已。如果是位畫家，那麼就是指他所描繪的畫，而若是位作曲家，則是指音樂……等等各種的表現手段。

當我們在欣賞繪畫時，有時似乎也能透視繪畫者的心理，這也是一種的感性。然而繪畫的人卻能將其之繪畫意圖讓人們感覺出來，所以說感性是非常廣大的。而且表現的方法，也不只是一種而已。

所以除了語言之外，可用各種的方法作爲表達，但是要真正由感覺得來的才好。我經常聽見評自己是個不懂畫的人，假如，繪畫是一種表現手段的觀點，那麼是必須具有某些感覺的，而這也就說不需要他自己去了解這幅畫的意思，而是以自己所感覺到的事情爲中心就行了。

我們為何能夠了解，懂得語言有限而且知識貧乏之幼兒的感性呢？

幼兒不具有對於表現感性之言語以及替代感性的表現手段，那麼幼兒究竟以什麼方式將感性表示出來呢？

原來幼兒是利用「身體來表現」，這種情況，相信母親們都應該知道，幼兒之高興或不快都是以肢體來表示。

有種名爲韻律學的音樂教育法。這是由瑞士的作曲家兼教育家達克羅茲所創設的最新音樂教育法。簡單地說，就是在聽了音樂後，而能夠跟著音樂來移動身體的韻律法。達克羅茲是在練習音樂時，發覺到音樂的感覺，並不只是和聽覺有關而已，也和全身的肌肉及神經息息相關的，於是便開始了他的韻律教學了。

所以說韻律學有三種要素，一種就是被稱作韻律運動，這是根據神經組織的分析，而使得腦、肌肉及神經能隨時反應及聯繫，而讓韻律感覺和意識發達起來的方法。這就是透過韻律來移動身體的方法。

一提到音樂，大部分的人都認爲這是屬於聽覺的世界，事實上可以先利用整個身體來感覺到音樂，然後再以跳舞的形式加以表現出來。

所以雖然幼兒拙於言辭，但他們也能夠同樣地利用韻律學般的方式，使用自己的身體，而表示自己的感性。

例如某畫家上電視節目時，便喜歡利用身體來表示他的意思。譬如他將雙手大大地張開，做出驚訝的表情，或是做出拒絕的態度，或挖苦的表情等等的動作。這種比手畫腳的方式，鮮少見於東方人，但不容否認的，這也是感性的表現方法。

人的感性，會發自於氣質神韻

不論感覺有多麼地銳利，或有多麼坦率地感情，如果無法適度表達，便不能稱得上是感性銳利。然而藝術家以及獨特感性者，卻具有他們獨特的氣質。

如果沒有經由表現的手段，那麼這個人的感性便無法傳遞出來。而和這種說法會造成矛盾的，就是氣質。

例如想了解口傳方式所流傳的傳統藝術時，就需要先了解這種氣質爲最基本的方法。而這並非是靠文章及知識得來的，而是需要和從事傳統藝術者接觸，才能學到的方法。例如：住在師父家裡的徒弟，因爲和師父共同生活，使其領悟出師父所具有的感性，在其薰陶下也學到表現的方法。

擁有這種氣質的人，上至藝術家，下至工人。又如，前陣子電視介紹修建某寺院的木匠，平時專以寺廟的建築及修補爲業，而不包括住宅的興建，平時則爲農忙。但就算他們是農夫，一旦在田裡耕作時，也讓人感覺到有股特別氣質存在的印象。

現代教育中所欠缺的就是應如何體認氣質，而對理論上進行理解。

雖然有豐富的感性，欠缺表現手段，也是枉然的

一般人把「聰明的孩子」定義爲，懂得多又算式靈活的界限上，若非如此，就是笨。這種論調，站在原本的目的立場，是毫無意義的。事實上，學習使自己的感性能表現出來的方法，才是教育的宗旨吧！

感覺及感情的表現力、表現法，關鍵在於知識的多寡

歲末時分，一家百貨公司舉辦了「世紀末展」，以迎接一九九〇年代的來臨。從世紀末這個觀點，究竟他們會推出哪一種的展示品呢？而且會有多少迴響呢？我也是參觀人潮之一，結果是盡興而去，敗興而歸。所展示的東西排滿著圖畫、傢俱和飾品等，然而究竟這些東西和世紀末有何關係，且其展示的目的又是

什麼呢?確實讓人費解。題意新穎,其所表現的只是形象走在前端而已。

同時期,在另一家百貨公司所舉辦的「中國畫百點展」,這個展示立意佳。會場上排滿了所有美術大家的畫,既然是稱作中國畫,那麼應該都是中國人的作品,但卻濃厚地嗅出融入西洋美術畫家們之精神存在。例如:有一幅畫,雖然是屬於西洋的畫風,但是它利用中國特有的寧靜來表現,而這也就是將西洋畫加以融入而完成的中國式洋畫。

當然,這是發揮了這位畫家的天性,但也可看見其辛苦奮鬥的過程表現。將西洋的合理主義加以消化,再利用中國式的觀點表現。所以中國的現代繪畫,可以說有些已經超越了西洋式的畫。消化了所得到的知識,便能夠令人產生感動。

感性亦復如此,雖然知識是必要的,但應將知識化成自我的表現,然後來强調自己才可以的。

測量感性的方法6

笑及幽默的要素佔得愈多，感性豐富的比例也會因而提高

「年老」和感性銳利間有相關的真正理由

當心情感覺愉快時，從腦中的「快樂神經」裡的末端神經，會有稱多巴胺等的荷爾蒙分泌出來，而創造出知性的快感來。人會常爲了要追求這種知性的快感而努力，因此沒有快感就沒有獨創性的假設由此而生。

終日與書爲伍，便是一種所謂的「知性的生活方法」，所以說知性的快感，是迷人的。因此當心情感覺很好的時候，能夠得到那種知性的快感，所以才努力去追求。人在笑的時候，會帶來知性快感的多巴胺荷爾蒙會被分泌出來。因此當我們打從心底要笑時，從腦中的末端神經便會不斷地產生多巴胺，使得整個大腦有活躍的感覺，所以只要大腦能夠得到這樣的感覺，感性也就會變得更加地銳利。另一方面，如果大腦感覺已死去，即使磨練感覺，或是得到新的刺激，也是無法接受的。所以笑的感性，便是以大腦感覺標準連結

起來。

因此笑的作用，不只會使腦更活性化，而且會在大腦中產生出積極地推動作用，此時之笑，便是一種肯定。

包括嘲笑在內的一切笑都是同理。例如嘲笑原是屬於一種瞧不起他人的笑，但這並不是意味著不理會對方所表現出的行為，而是對於對方的一種反應。所以說假使自己真的不想和對方有任何的接觸點時，大可不加以理會或是離開就可以了。

那是因為藉由嘲笑的形式，而想要和對方有接觸，這種方式也是一種積極性的表現。並且和其生存的方法相關，所以經常笑容滿面的人，多半是抱著積極性的態度。然而相反的，不苟言笑者，個性多半孤僻，那麼其生活方式也會因此而變得陰暗消極。所以說感性也和積極有密切的關係。

積極性使得人與人之間的聯繫更為密切，而且感性從他人得到的感覺很多，而人所要接觸的也是「人」，因此支持著這種原始性的要求，就是積極性。經由與他人間的接觸，讓感性受到刺激，大笑一番，使得大腦活躍起來，而能夠以更積極的態度生存方式來磨練感性吧！

「笑是種輕浮的行為」的觀念是感性之癌

一般人都有齒不露白的習慣，並認爲不可哈哈大笑的觀念。有關這一點，假使和歐美比較更形顯著。例如：美國人在演說的時候，常會利用詼諧的語氣，像前總統雷根更是擅長詼諧語之能手，而頗獲好評。然而在我們的政治家中很難找到一位能夠巧妙地善加運用詼諧語的人。這是因爲美國人從小就被灌輸以詼諧的語氣表達，才是紳士應有的教養。所以在社交場合中，若不會利用詼諧的口吻與人交談，反而顯得尷尬。

詼諧的語氣，可以讓對方的心理產生緩和的作用。例如在解決問題的時候，若能以詼諧的氣氛來進行，就不會出現帶有諷刺人的語氣。像美國這樣的多種民族國家，爲了彼此間相處融洽，而用邊笑邊交談的方式，使氣氛達到和諧。

以感性言之，透過詼諧的方式與人邊笑邊交談，並且坦然地聽著對方的意見，無需設置自我防衛界限，心情自然地便會輕鬆起來。所以若能利用詼諧的方式語氣來與人接觸，才是最理想的。因此擁有「笑就是輕浮的行爲」這種觀念，等於就是感性之「癌」。這種觀念只會妨礙坦率地把感情表露出來的作用。

或許有人會認爲對單一民族是不需以詼諧的口氣交談。然而隨著未來已走向國際化，還是希望能夠對於這種詼諧的教育能夠多多地加强進行。

想笑的時候，就儘量地開懷大笑吧！

假笑既是有意識的笑，故易流於不自然。然而若要表現出哭的悲傷表情，似乎就簡單得多。因爲只需要自己處於悲傷狀態，表現出哭的臉就可以了。

但是想隨時笑，則非易事。

雖然表面强裝笑意，並不表示其人心情會變得快樂。所以一定要發自內心真正的快樂，笑臉才會自然，因此「裝出的笑臉」和「假哭」的差別，也就在此。

現在，先簡單分析何謂笑，雖然這還是屬於實驗的階段。而會使人產生笑意的刺激，譬如將說笑話、笑聲、商業性的廣告等利用錄影帶拍攝起來，讓人們觀賞。

對於凡事都會笑的人，將他們歸類爲「愛笑的人」，而反把完全不會笑的人分等級。但是要對人做分析，一方面也需要將笑分等級，只是這種分析，目前都尚未完成。

在此先將有關於笑進行調查的結果說明一下，對於凡事都能笑的人是屬於積極性的人。

另一方面應該要笑而不笑的人，性格趨向陰沈且不積極。因此想要笑時就能開懷地笑，這種表示方式被認爲可以當作測量感性是否豐富的基準。而笑是屬於積極性的證明，是無庸置疑的了。

豐富的感性，從某一種意義而言，就是將所有已得到的常識予以捨棄，有必要讓自己成爲一種純潔的狀態。例如：遇到快樂的事情時，能坦率毫不保留地儘情大笑，便能夠成爲純潔的狀態。

假使心裡持有隨意而笑，是有損尊嚴的想法，就會成爲阻礙達到純潔的狀態中。所以何不想笑就開懷地笑呢？

言行具有詼諧的本領，是學識、涵養豐富的印證

詼諧的種類很多，有些是屬於無聊的詼諧，而有些則會引起人之共鳴的詼諧。譬如某位精神醫學者，在其著作「笑的精神學」裡，其中有一節說到「不是因爲快樂而笑，而是因爲笑才快樂的」。

他也認爲有些話不易以詼諧方式表示，能夠說出那種無聊詼諧的笑話，並不重要，重要的是能說出詼諧語，並能夠引人發笑。

不論是詼諧的話，或是無聊的笑話，都是在教養以及知性的土台上成立的。然而詼諧的話表達不易。例如：將所謂的社會常識倒過來說，就是詼諧的一個表示方式，而且更重要的必須對社會常識有所認知後，才能夠表達出來。而若想要配合當場的情況時，當然更須要有判斷狀況的能力才好。

使人哭容易，逗人笑則難，其中的原因，可以說這是因爲需要相當高度知性的技巧的。

據說在所有的動物中會笑的，只有人類和類人猿而已。也有人說馬也會笑，其中又只有雄馬才會笑，同時要在聞到母馬的尿液及糞便臭味時才會出現，這或許是和生殖有關吧，而馬的笑，是指牠把上唇抬起，暴露出牙齒，並使其鼻孔撐大張開著，看起來似乎在笑的模樣，然而，事實上絕對不是如此的。

笑是只有人類才有的本性。所以能夠回歸本性，也是可喜之事。雖然笑和純潔的狀態很密切，但是也可以從本性來做說明。

目前對於笑及感性間的相關性尚在研究中，一旦將來能發現其中的幾種法則，便會對外發表。

至於笑，可以成爲豐富的感性之一種基準，是不容置疑的事。

3

從感覺心理學中所表示出的感性磨練法——八原則

磨練感性原則1

需要多增加使五感總動員的機會

利用眼睛觀察，以肌膚來感觸，以舌頭來嚐味，是培育感性的重要要素

在第二章中已經對於有關感性的銳利及其豐富的狀態做了叙述。本章一方面要更詳盡解說第二章，另一方面則更具體的介紹，磨練感性的幾種方法。

正如前面已不斷地提到，感性主要是由感覺及感情所建立的，尤其感覺更是構成感性的重要要素之一。因此得知，感覺得到訓練而變得銳利的人，似乎已經具備了一種創造銳利感性的條件。而這也就是讓感覺經過訓練而變得更銳利，並且也可進一步地培養出感性來。

不過，即使感覺是如何地銳利，那只是指其眼力好或是聽覺特別發達而已，那麼此說毫無意義了。因爲感覺不一定只靠視覺或聽覺等的單一感覺所創造出來的，而多半是由綜合性的感覺所構成的。所以，只要讓所有的五感能夠變得銳利，就可以使感性充分地培養

出來。因此如果想要鍛鍊感性，在平日就需要運用所有的五感來感觸各種事物，再對事物加以處理，所以這種訓練及心理是有必要的。

因此平常就需要鍛鍊感性，對於目前的企業人士要推進工作，也需要有充分發達的感性，在這種時代中，更顯其之重要。過去一般公司於錄用員工時，均以其人學校成績之優劣，做爲判斷是否錄用的重點，然而近來這種的傾向，在各企業中也漸漸地在減少。

所以現代的社會，已經不再是單靠知識的時代，而是一個需要具有創造性的感性或是綜合的判斷力來做爲評估的時代。

一位感性豐富的人，自然而然地會受到重用。因爲像這種富有感性的人，對於社會上所要求的東西是什麼?能夠以充滿感性的感覺來開發出新的商品來，並且也能將感覺極優秀的情報傳送出來。

如果不是屬於感性的人，在社會上不但無法出人頭地，就連要生存也是很困難的，此說不爲過。

以現實的情況而言，能夠擔任各企業主管職位，親自領導組織的人，在感性方面，大部分都是屬於極爲優秀的人才。而且這些人，平時就非常注重磨練自己的感性，動員自己的五感而善加活用。

現在的時代，是秀才不如五感好的人會被採用

目前社會所追求的就是那種充滿著五感的人，像這種人也才能夠真正地了解顧客之需求。就是以此爲基點，有些公司在錄用員工的時候，並不偏重於學歷；而是選擇五感特別卓越的人才。

換言之，臉色蒼白，整日埋首於書本的人，倒不如在學生時代，多去嘗試打工，或是去體驗各種生活，使感覺得到豐富訓練的年輕人，才會受到重視。又譬如住宅和車子，同樣地除了其機能外，也是屬於會被要求感性上的商品，而這問題竟是由經營這方面的企業家口中說出，更有其真實感。

因此，應眼觀四方，耳聽八面。同時，也需要多利用舌頭去品嚐各種味道，利用肌膚來直接感觸，足見培養感性的重要。然而，這卻是容易被人疏忽的一點，因此也喪失了許多可以磨練感性的機會。

例如：與人交談時，當對方說出的是自己陌生的話題，當時又該如何呢？而有些人因爲乏善可陳，又爲了不打斷對方的話題，因而輕易地接受了對方的意見，這種做法，實在讓人無法苟同。

因爲會話原本就是透過自己的感覺經過思考後產生主張來，這也等於以感性做爲媒體，然後再以語言表現出來。因此不發表自己的意見，而輕易地接受他人的意見，也等於是借用他人之感性，這種作法，必定阻礙感性的磨練。

因此盡可能地透過自己實際經驗，將所得到之想法或是主張，以自我構想表達出來。所以應有時常運用全部的五感，並且對各種事物多予感觸的意識。

爲了對各種話題有自我意見，因此對於周遭發生的事都必須抱著興趣，並且也有必要使自己的五感變得更加地敏感。這種作法對於培養感性是非常有效的。

在室內鍛鍊五感的方法

當我們睡覺時，一般是漆黑而寧靜的狀態。再則可以冷暖器調溫，以使自己在舒適環境中得到充分休息。因爲過於明亮或吵雜的環境，無法獲得充分休息。這可說是人類的一種習性。

但是反過來利用這種習性，也是種磨練感性的方法。那就是在神智還清醒時，儘量地讓刺激從眼睛及耳朵中來增加，即是在這種沒有意識狀態之下，也不斷地持續，五感便會不斷地感受到刺激，因此連帶著感性也得到了鍛鍊。

五感能充分地利用，感性也可得到更多的磨練

然而如果刺激太過强烈，就會使得感覺呈現出疲勞狀態，或是對於刺激習慣成自然，反而感覺會變得遲鈍也不一定。刺激是以能夠磨練情操爲最理想，但切忌過於低級或庸俗，或令人嫌惡的刺激，反而效果不彰。

以上所說的幾點，若能加以注意之後，也可以在自己的房間内或是工作場所中，掛上一幅喜愛的畫，或是選擇輕柔而令人身心舒暢的音樂。

如此這般，只要稍用點巧思，便在無形中，使感覺得到不少的刺激，也可以鍛鍊感性。又假定没有受到他人的干涉或抗議時，經過了一段期間再將所掛的畫更換，也是一種方法。因爲如此一來，不只是刺激會隨之改變。同時，對於下一幅畫的選擇，復使感覺又發揮作用了。

據說有一家化妝品公司的負責人，也就是利用這種方法，磨練自己的心靈。由於這位負責人原本熱衷於繪畫，因此只要有空，便會到美術館去參觀，而現在他在自己的辦公室或房間中都掛上畫，隨時欣賞藉此調劑身心。而且，他在心情焦躁時，就會選擇掛上可以讓自己心情安定的畫。

相反地，如果心情感覺鬱悶時，便掛上可使自己心情輕鬆的畫，總之是配合著自己的心情，而隨時更換畫景。這種方法，不但能夠使五感好好地發揮作用，同時也能讓感情呈現出愉快的狀態。因此這種磨練感性方法，效果卓著。

聽說，他不僅在自己的辦公室，也在其他地方都掛上了許多幅畫，例如：在一樓大廳，掛著Manzu及Greco的雕刻品，而客廳裡所掛的是雷諾耳或是塞尚等的畫，讓人有置身於小型美術館中的感覺。不但是自己的員工，連外來的訪客也增加磨練感覺的機會。至於有關這些藝術作品的選擇，據說都是這位負責人親自挑選，從表面上看來，這是負責人個人的嗜好，但事實上或許這位負責人希望包含自己在內，以及其周圍的人之感性也能提昇。可見其用心良苦。

我也常讓自己置身在充滿著繪畫及音樂的環境中，我對印象派的畫情有獨鍾，而音樂則偏愛巴洛克。每當我感覺無聊時，爲了改變氣氛，而聆聽貝多分的音樂或是爵士樂。因此也希望讀者能在自己的房屋裡，掛上自己喜愛的畫，或是聽聽自己喜愛的音樂，相信感覺一定會因此受到刺激，且更能提高五感的能力。

對受歡迎的商品直接以手拿來看，對於時代的欲求也是直接以肌膚來感覺

能引起話題且受到人類歡迎的商品，總是有其吸引人的魅力。換言之，這類商品，多半能符合人們的感性，也能符合時代之欲求。當然也有人對這些蔚爲潮流的商品，亦有微詞。不過這種人可能對社會上的變化，還無法確實地體會吧！

譬如Ｂｅ－ｌ的轎車，是爲日產汽車公司在一九八七年所開發銷售的，當時簡直造成供不應求的熱潮。再加上當時大衆傳播媒體大肆宣揚，但是促其暢銷的關鍵。可能是它打破了日產本身的形象。然而最大的秘密武器，就是它能適應時代的變化。當時，在等級及形態上已轉爲多樣化選擇，若以追求有個性的方面，已經到達顛峰的時期。換句話說，就是各人的感性受到尊重，而當時社會上的需求，便是和從前設計迥然不同的Ｂｅ－ｌ，並且由於其新穎的設計，亦符合了感覺時代的需要。

由此可知，受到人們歡迎的商品，可以稱得上是一面反應時代的鏡子吧！由鏡子裡所

映照出的姿態中，我們可以看得見時代，所以假使不加以重視其所反映出的事實，就會變成趕不上這個時代，而感性更是自歎弗如了。

將此Ｂｅ—ｌ推出上市的日產汽車公司的負責人久米豐，便曾强調不僅要具有知識而已，更要透過實際行動來磨練感性。因爲車子不僅著重於性能，也代表著流行性的作用。而且藉由感性而能夠獲得消費者支持的情形很多。因此從事於這類工作的人，對於時代的感性要敏感自是不容否認的。

這位久米社長正在實踐者一種方法，他將自己的專長分別從另一種觀點進行分析，而培養出多角的感性來。除了車子以外，他甚至親自到百貨公司參觀推陳出新而受人歡迎的商品，而且不論是傢俱或是女性的服飾等等，都用手實際去接觸。因爲不管是硬體或軟體的商品，除了其外表之外，所包含的附加作用就是隱藏著感性的優點，所以需要藉助手的觸摸。

目前對車子的需求，是走向個人感性的方式，對此論點應予認同吧！也許就是因爲由負責人本身率先付諸行動，才會有Ｂｅ—ｌ之誕生，並且一躍爲汽車界新寵。

我們也應親往百貨公司，並用手撫摸商品而感覺其質之優劣。其實，對於時代的欲求，也可以直接利用肌膚來感觸吧。所以如果能反覆地做這種實驗時，對於東西好壞之差別，便能夠有所了解。

假使想要讓感性更加地銳利且能提高感性，便要付諸行動，動員所有的五感徹底的去感覺，以累積更多的經驗。這些原則是不可忘的。

在車內也想提高注意力，那麼對於人們之間的交談便要仔細地聽

日本的富士照片公司在一九八六年所開發出的「即可拍」相機，成爲該公司的暢銷商品。但現在其他的同業，也不斷地開發出同樣商品，而且已經形成一個很大的市場。這種相機附帶膠捲的設計，而一般相機是需要將膠捲放進才可使用，這種新的暢銷商品之構想，正好和原來的相機相反；而這種構想卻是開發負責人於公車上，從別人的閒聊話題中所得到的啓示。

據說這位開發負責人所聽到的，是一群中年婦女的閒談。不過當時她們談的卻是電鍋的問題，其中有位女性問「妳家的電鍋，有幾個開關？」對方回答：「一個啊！」而另一位女性則說「那樣很好啊，太多的開關，反而操作麻煩」。

就在此時，開發負責人的腦中迅即掠過一個念頭。現在商品多傾向機能化及高級化，致使顧客對於這些商品的操作，都感覺困難。以婦女的話題使其靈機一動，而研究出「即

可拍」相機，如此操作簡單的新產品。

然而從無意的閒聊中，能夠使他人得到一些獨特構想的秘密是什麼呢？我認爲這是指願望及注意力及感覺吧！正如在第一章中曾經提到過的注意力，對人的影響頗鉅。

在日常生活中對於某些事情，如果都能對目的之意識集中的話，便會呈現對於有所關連的情報，變得極度地敏感。前例就是因爲這位負責開發的人，對於新商品開發的意識集中之故。

因此能在上班途中的公車上，從女性的家常閒聊中，有了開發新商品的構想。所以從這一則例子我們可以得知，提高意識，注意力敏銳，多利用五感來接收情報等的態度，是很重要的。尤其是要從許多的人群之中，能夠將有益的情報隨時加以接收，這種注意力和五感的發揮，的確可爲借鏡。

因此身爲一位企業家，在每日上班通車的時間內，只要在公車上能豎起耳朵來，或許經常可以聽到一些對於自己工作有助益的構想產生出來吧！所以就算是公車或火車上，也可以當做是可提高五感的地方。

磨練感性原則2

排除固定觀念，重視自然的感情

如果一直壓抑感情成為「習慣」後，便會阻礙感性

感性，大體上來説，是由感覺和感情所形成的。既然是如此，如果想要磨練感性，那麼並不只是要讓感覺變得敏鋭，而且感情也要儘量保持在豐富的狀態中。

在第二章時已經提到過，要盡可能排除先入觀念及拒絕反應，才能夠使自己的感性敏鋭。但是一方面説：「人是感情的動物」，另一方面則又形容壓抑感情是爲「理性的動物」，也是事實。

因此假使是一個「大男人」，興之所致便大哭大鬧的舉止，是不被允許的。

例如：在商業買賣的現場中，當他生氣時，就隨意地將憤恨的表情表露出來，或是一感到悲傷時，就隨意地在他人面前哭泣?這種人將被嘲諷爲神經不正常，或舉止怪異的人。而且在我們的意識中，經由與同一個人有了多次的交談，而有「那個人言語乏味」的

先入爲主觀念或拒絶反應產生，並且這些觀念也會漸漸地在內心堆積起來。

就是因爲這種的固定觀念經常在產生作用，甚至於可以說因爲過分的產生作用，所以便易將感情過分地抑制的傾向。例如：在該哭的時候，無法坦率地笑，也使得心事無法坦誠表白。

這都是因爲受到固定觀念，對於所感受到的刺激，產生了「習慣性」，而使得反應變得遲鈍。

隨意表露感情，是爲社會道德不允許，可是如果受到那些不必要的固定觀念之束縛，連自然的感情也加以抑制的話，那麼感性就會受到阻礙了。

然而要如何盡量地將固定觀念排除，且重視自然的感情呢？當務之急是建立遊玩的場所。

「遊玩」是使感情能自由發散最理想的地方

不論擁有多豐富的感情，但是在腦中幾經深思熟慮後，那麼感情就無法表露了。然而能夠使感情盡情浮現的地方，就是遊樂的場所。

關於遊玩，崛威夫製片場的負責人，曾在一本書中表示過許多暗示性的話，在這些話題中，負責人一再强調遊玩的重要，令我印象深刻。其大意如下：

譬如：就好像車子的方向盤。只要方向盤稍往右五公分，輪胎也隨之移轉五公分，勢必造成車禍的危險性。

同樣的道理，遊玩對於人的感情也是很重要。特別是在現代忙碌而又緊張的社會，更形不可或缺。假使老闆向員工說盡情地去遊玩吧！員工反而會有一百八十度的轉變，好像只是在奉命工作一般，造成「不玩不行」的義務感，才拼命地玩樂。似此般之遊樂，已經失去任何意義。

崛會長也提到了關於感性的問題，就是未來人類對於磨練感性是有其必要的。並和遊玩的方式相同，需要由自主性的輕鬆感開始做，而不是待他人說了之後，才以義務性的方式來完成。崛會長現在仍是演藝圈的代表人物之一。在這個視感性爲工作推動的演藝圈，向來就有遊玩可以提高藝術的感性之說法。既然這還是出自代表性人物之語，更具說服力。

有關崛會長之意見，在某一方面我也認同，不管在遊玩或是在磨練感性上，若經由他人的表示後才去做的，都得不到期盼的效果。如果對遊玩只是抱著非得暢快地遊玩不可的固定觀念所束縛，那是非常不好。若是出自「自己想玩而玩」的意志，便會有效。

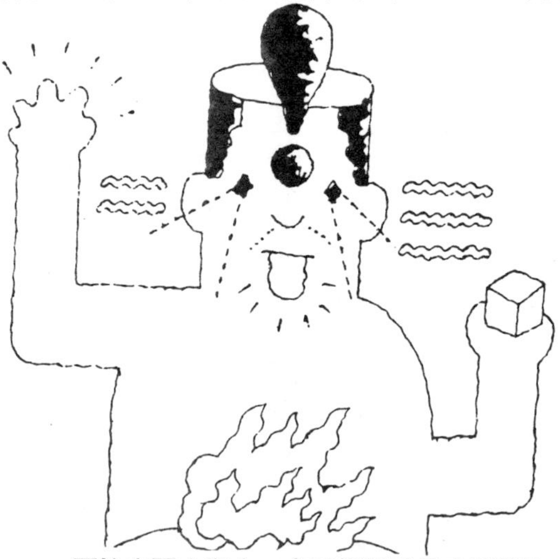

要捨棄固定觀念，多了解可助長感情發散

又譬如經過傳播媒體披露目前爲出國旅遊的熱潮後，就常有一窩蜂像是要去完成義務般地展開觀光行動。而當我們人在異鄉爲異客時，望眼一看，盡是同一種族的面孔，似此這般的情形，就失去置身國外的新鮮感，不禁會爲自己也趨之若鶩的行爲感到莫名其妙。

擁有一棟美侖美奐的別墅，幾乎是多數人的夢想，於是，有些人即使能力不及，想盡辦法，甚至負債累累也在所不惜地忍痛購買。

結果實際上使用別墅的機會很可能只是一年不到一兩次，而且因爲平時缺乏管理，以致零亂不堪，一旦用上時，就得先好好地打掃及修理一番，或許爲了打掃及修理的工作，甚至花費了整個假期，結果只是疲勞而返。這種現象不禁令人懷疑購買別墅的動機爲何？

顯而易見，這也就毫無達到休閒的目的了。

所以感情應該是屬於自發性的才有意義。實際上，不論是要將感情抑制或表露時，經常都會受到社會規範所束縛。而想要坦率地表露出自己感情的人也不少，但是卻受牽制，假使這種情況今後仍然持續著，那麼想鍛鍊感性是很困難的。

所以，若想要提高感性，就不應抑制感性，多建立些遊玩的場所，讓感情能自由表達，才是最理想的作法。

想要持續地維持新鮮的感情，那麼「似乎已經不年輕了」這句話則為禁忌

有「人老心不老」之說。目前的平均壽命已延長，所以有許多老年人仍活躍於社會上的活動，然而這些高齡者若想要和一般的年輕人做同樣的事情時，往往就會被人以這句話來形容他們。

而當他們意識到社會上這種的眼光，常常就會自動地說出：「我的年紀已不年輕了」的話來，以當作迴避從事困難工作的藉口，因此而喪失了挑戰的精神。由於精神上漸老化，以致於更爲蒼老。

不過有些老年人，簡直可稱得上是老當益壯，保持著新鮮的心情以充滿著活力參與一

切活動，對於這些人的共通點，就是指他們目前還存有挑戰的精神，同時，他們彼此之間也絕不說出「我的年紀已經老了」這一類的話。

曾經擔任某電器公司的總經理，而目前是爲顧問的A先生，就是其中之一的代表。他出生於民國八年，已相當老邁，但是仍然經常對自己的興趣——登山挑戰，而且，他自認自己正處於青春期，對各種活動都積極地參與，對於這樣的一個人，正是「人老心不老」的印證。

到底是什麼使他充滿挑戰精神？據其本人表示：先設定何謂青春的目標，然後再來接受挑戰，至於年齡並無多大關係。

下列則引用著名的沙繆威曼以『青春』爲標題的詩爲比喻。

「青春並不是指人生的某一段期間，而是指心靈的情況，具有美好的創造力、堅强的意志，赤裧般的熱情，排除怯懦的勇猛心和不畏危險的冒險心等等的心境，就是青春。而且人並不是因爲年紀的增長就會變老，而是因爲喪失了理想才會衰老，雖然歲月會在每個人臉上刻畫幾道皺紋，然而一旦失去了熱情，精神也會隨之而凋謝。」

令人深有同感的話。若以另一種方式來說：雖然年紀很輕，但卻缺乏創造力、熱情及冒險心等的挑戰心理時，這種人已不再年輕。換句話說，雖然他對事情有所感覺，但是他的感情卻很少受到震撼。這也就是一種感情的缺陷。

是故，磨練感性，和年輕與否無關。因此別認爲自己老了，凡事想做的就全力以赴吧！只要擁有這種精神，那麼不論老少，感性仍然得以發揮出來。

如果湧出「去看一看吧！」的好奇心理時，何不就讓自己沈浸其中呢！

如某商界之W社長，就是一位擁有廣泛興趣的人，而且只要他想做什麼，便會付諸行動。至於他的興趣包含有打高爾夫球、滑雪、下圍棋，跳舞及唱歌等等。而在工作的資歷方面，則從賣奇異墨水至電腦不等。何以如此？這可能因爲身任社長的好奇心及行動力使然吧！

像這種好奇心理，是指凡事都是經由感觸而帶來的感情之一。從某種意義上，具有廣泛的好奇心理，對於培養感性會有所助益的。

因此，只要對於某些事情，抱著有興趣「想要看得更仔細」的欲求產生時，或是「自己也想要實際地做做看」的衝動出現時，與其由頭腦思考，不如先讓好奇心得到滿足，然後再和自己心中所想的比較一下，實際的情形又是如何呢？然而只要經過查證，再加以評估便可了解情況。不過一旦發覺無聊，就應停止查證。反之，就更進一步地去研究，結果會更有滿足感。

總而言之，凡事於行動前，需先有好奇心。擁有好奇心並無大礙，而且又能夠獲得磨練感性的機會。姑且試之，又何妨？

磨練感性原則3

能夠擁有一個人獨處的時間，就可以將感覺及感情從緊張狀態中解放

感覺及感情也是需要「休養」

在前面章節中已敘述過，我們所具備的視覺、聽覺等各種的感覺，若能不斷地得到經驗，就會變得更加地銳利。然而如果一直只是接觸著相同的刺激時，就會形成一種「習性」。

而且也使感覺變得麻木起來，這也是事實。

和感覺相同的一點，我們的感情自從出生以來，已經和許多人接觸過的經驗，因此感情也會造成「習性」或「抑制」的情況。

例如：當一個人獨自聆聽某種旋律時，或許心中會出現受到極大震撼的感情。然而假定周圍還有其他的人或是和同伴一起在聽同樣的旋律，便經常會將感情抑制住。相信不少人有此經驗。

又，當一個人在聽過這段旋律之後，從他人之間聽到有關這段旋律的負面情報時，通常於再次接觸時，就會有先入爲主的觀念產生作用。

而這也就是說要使感性維持著銳利的狀態，特別是要維持自己的自然感情時，便須於日常生活中有適度獨處的機會。

於獨處時，不妨將他人所說的話或其看法排除，而且特別重視自己所湧出的感情。經由眼睛或耳朵所接收的情報，經過了大腦的處理後，便會湧出感情，已於前章述及。然而這種感情，也常會受到他人的感情及解釋影響，而產生變化的情形。所以，獨處有其必要。

雖然在其他的章節中，曾經提到了要感受新的刺激，最好能儘量和很多人接觸。然而和這種說法有所矛盾的是，如果每天不停地和他人接觸，那麼對於這些刺激的感覺及感情，也就會漸漸變得麻木了。

一人獨自出外旅行，能夠改變感情的形態

據聞某大企業的社長，便具有靜和動二種心中壓力消除法。

對於厭惡的事情能夠視若無睹，聽而不聞，這就是屬於靜態方面的壓力消除法。有關

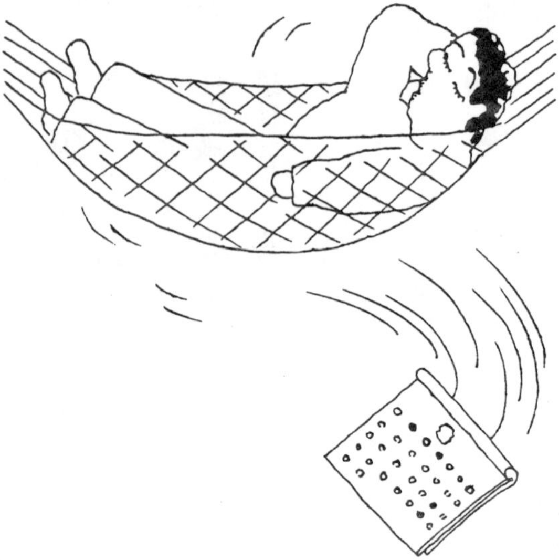

離開日常生活的地方，到陌生的地方去，讓感覺和感情能恢復精神

這方面的情況將於另外的章節敘述。在此先提有關動態的消除法，那就是指出外旅行。這個方法的由來，是指這位社長任職銀行員所發生的事。

每當他將客人送到火車站，當對方安全上了車後，就湧出一般莫名其妙的衝動跳上一列火車，而到達自己從未去過的地方，和不熟悉的人物、景物接觸。即使曾經去過，又再度問津時，也常會遇到新的發現。

而且出外旅行，可以嘗到解放感。當我們內心尤其是心中鬱悶時，出外走動可以忘卻一切的不愉快，讓頭腦變得清醒，好處甚多。

磨練感性的方法之一，得先使頭腦清醒，去找尋和日常生活中不同的方式，而這位社長的壓力消除法，不外乎兩種行爲。

一人獨自置身於大自然中，常會有新鮮的感情湧出

所謂壓力消除法，就是出外旅行。既然是出外旅行，那麼至大自然中則是最好的選擇。

爲了要磨練感性，離開原來的日常環境是不可免的，而且最好又是一個人單獨行動。

聽說有位保險公司的幹部，他的嗜好是打柏青哥和釣魚。而每當他工作感覺極爲疲勞時，或是鑽牛角尖時，便於下班的途中走進柏青哥店。

柏青哥店的音樂正喧天作響著，再加上小鋼珠所產生的聲音，構成嘈雜紛亂感。但是只要全神貫注地玩著小鋼珠，對那些噪音似乎聽而不聞，也毫不在意誰的聲音大的問題，最重要的是，可以一個人單獨玩。譬如在擁擠的公車上，四周都是完全陌生的人，自己也是孤單的一人，雖然同樣是單獨的人，打柏青哥似乎就顯得有趣刺激多了。

當這位幹部已去過柏青哥遊蕩一番，仍無法消除心中壓力時，他便會到溪流去釣魚。溪釣不同於海釣，因溪中的魚並不是成群的游來游去，而且對人也極度敏感，一旦發覺有人便急速逃走，所以若想要在溪流間釣魚，則要靠自己去探尋，因此溪流釣魚是以單獨行動爲基本。假使想斬獲嘉魚，那麼就得至深山的溪流才有，而且深山地區，除了自然的景

觀以外，杳無人煙，而當我們被這一切深綠的景色所環抱時，也常能因此而忘記一切的煩惱。

當然，不只是溪釣。也可在郊區的露營場所，去享受一下户外生活的樂趣。面對冉冉上升的火燄，以及暮色中的山丘，竟有一種寧謐的感覺。人是屬於大自然的產物，因此唯有置身於大自然的環境中，使得在都市中無法清醒的感性，此際都得以淨化。不過，如果是在高爾夫球場這種人爲的自然環境，則不可能發生效用，所以最好在非人爲的大自然中，並且至少在一個月踏青一次。

在清晨及深夜裡想像自己的將來，所產生的效果

在夜晚睡覺之前，假使能夠先忘掉一切厭煩的事，儘量想些令人快樂的事，即使是想像將來生活的景象，也一樣能感受一份快樂。

然而，包括我自己在內，只要一躺在床上，所掠過腦海的盡是悲觀、不安的事，或者爲失敗後怎麼辦而掛心，長此下去，便會疑心疑鬼起來。

所謂失敗是成功之母，不歷經又怎能成功？例如：在和自己不願見到的人約定見面之前，就早已使自己七上八下，苦思因應之策。事實上，到了第二天，原先自己所顧慮擔心

的事，大半都已順利地解決了。這就是所謂的杞人憂天吧！

能夠對自己的未來想像，是種很好的方法。因爲人類具有預測將來，並能實現的動物。當然並非所有的事情，都可以很順利地完成，但是這種作法等於是先對自己所想要做的事先印證。而這種也可以成爲所謂的想像鍛鍊法。在無意識之中，將自己想要做的事，在腦中先加以描繪，不失爲達到目標的一種方法吧！

生病時，也是可以發現新的「感性」之機會

我曾經遇見一位一天只睡眠五小時的人，並且是從高中以來所養成的習慣，他認爲「在睡覺的時候，人類停止了任何的活動，亦即等於完全是空白的時間，因此這種時間愈少愈好」。所以他不管自己多麼愛睏，也一定持續看書或寫稿，其目的就是要減少不做事的時間。

聽說這個人最近生病了，方才了解自己的錯誤觀念。因爲他自己簡直是個患有工作狂的人。所以過去患有輕微的病時，他常認爲只要工作，病自然而癒；因此從來都沒有請過病假。

而當他自己真正病倒了以後，才了解社會上那些因爲工作上不能順心，或因而產生挫

折的人，究竟是抱著何種心態。

而有趣的是，當他病癒之後，當上了公司的負責人。或許是因爲已深入了解他人的心理，反而對他產生良好的正面作用。

某位作家也是一位因病而得到好處的最好例子。他自己說：藉著四年的牢獄生活，使他涉獵不少的書，對他日後能夠成爲作家有很大的助益，尤其是在患病時，更能全心全意地閱讀。

據說在監獄中，有諸多嚴格的規定。然而若不幸患疾或流行性感冒，才得以躺下休息。有許多人便利用這個時候看書。

當然監獄生活是屬於一種特殊的經驗。只是偶爾於生病時，反倒能好整以暇地看書，未嘗不是好事。

培養寫日記的習慣，可將每天的生活動態加以記錄下來

據作家自己說：促使自己成爲一位作家的功臣，就是日記。因爲在監獄內詳細地記錄下來的日記，因而成爲一本「在圍牆内的經驗」。

而畢卡索也曾經說過頗饒興味的話，「有很多的人是在寫日記，而我寫的不是日記，

而是在描繪我自己的想法」畢卡索有時候是利用繪畫，有時以陶磁或雕刻等方式替代日記。但我鼓勵各位寫日記。

即使只是記些流水賬也無妨。只要把每天所經歷的事，利用文字存留下來，如此，常會有某些意想不到的構想產生出來。

既是轉換成文字的作業，一方面，就是要將想法加以歸納起來，而另一方面，就是對自己的所作所爲，能作客觀判斷。這才不失公正公平。

磨練感性原則4

徹底地去做感覺有趣的事，便可增加愉悅感

對於能夠產生快感的事，努力去進行，就能更接近豐富的「感性」

究竟你能夠嚐到愉快感情的機會有多少呢?愉快舒適的氣氛和感情的敏銳是互爲相關的。雖然，感情是構成感性的要素之一，但簡單地說，感情的種類是不同的，大體上可分爲「愉快」的感情和「不愉快」的感情。要讓感情處於「愉快」的狀態，可無意識地從每天的生活中獲取這種經驗。例如：專心做一件事時，內心常會有某種和幸福感相似的感情萌芽，只是自己渾然不覺罷了。

對培養感性，「愉快」的感情通常比「不愉快」的感情，更有裨益。正如第二章中述及，當情緒很好時，就會得到自信的愉快感，而且此時會有多量的多巴胺荷爾蒙分泌出來，使得大腦呈現出朝氣蓬勃感。只要大腦能得到活性化，那麼認知的作用及情報處理的能力都會因此而跟著提高。因此對於從感覺中得到的情報，可以更正確地予以處理，當

然，也能給感性帶來良好的影響。所以盡可能地增加舒適愉快氣氛的機會，也就可以使感性維持在銳利的狀態。

因此若想要使感性維持在銳利的狀態；那麼就需要讓自己用心努力地去從事自己喜愛的事物，只要在有意識的情況下，創造出最理想的感情即可。當然方法很多，其中之一就是培養某種嗜好，然後再針對此種嗜好盡心地實行。

不過嗜好的種類繁多，而且很難分辨有效與否。有些人喜好打網球，而有些人偏愛盆栽……等，只要是自己熱衷的事。切莫因自己的嗜好造成社會困擾，那又另當別論了。

關於嗜好所產生的效用，使人聯想到資生堂總經理所說的話。他說：自己的嗜好是栽培洋蘭，而且這也是從父親那一代繼承下來的。衆所皆知栽培洋蘭不只困難而且辛苦。因此當自己所栽培的蘭花，順利地成長時，內心的喜悅是無法言喻的。他從這種嗜好，發覺到自己的思考回路有所變化。

他從期盼蘭花能開得更美麗，而需要調整環境的過程中，突然發覺到和培養人才方面，有其共通點。因爲人才會隨著環境的不同，有些人能夠發揮所長，有些卻有窒礙難行的情況產生。若心情保持愉快，也容易啓蒙。

嗜好固然工作會有所啓示，對於人生及想法都會帶來不少的影響，重要的是應執著於

即使是小小的嗜好，只要能認真努力地去做，便能增加愉快感

這份嗜好。例如：對自己的嗜好以有趣的方式進行，不但會使自己獲得愉快感，就連嗜好以外的工作，也會因此感覺更充實，同時，因有「愉快」的感情湧出，所以處理因感覺而得到的情報時，就能更順利地進行，結果也可以使得感性能夠呈現出銳利的狀態。因此「愈喜愛做的事，才會做得更好」這一句話說的有理。

做自己喜愛的事情，不但能感覺到愉快，連感性也會變得更加强烈，確實令人喜悅。由於是在做自己喜愛的事，因此欲求及願望也會變得更加强烈。所以若想提高感性，相信可達到事半功倍之效，而且不論是多麼小的事情，只要是有一件是屬於自己喜愛的，就徹底努力去做，這也是磨練感性的捷徑吧！

有關嗜好方面，有下述說法。例如：由於

英國人較重視培養興趣，而解除了他們一個很大的危機。從前，當英人移民到美國大陸時，或是至當時他們其他的殖民地時，都需要面臨著和本國不相同的異鄉生活，因而倍覺孤獨及疲勞，在這樣的情況下，對於擁有某種嗜好的人，至少他們在精神上可以獲得安慰，而且這種安慰連帶地使他們也克服了許多困難，而喜獲成功。

但是反觀我國的情況時，卻發現由於我國人民過於重視工作，因此就有忽視了培養興趣的傾向。就以英人移民到美國的例子來看，就可以深刻了解興趣產生的效用是不可忽視的。

利用餘暇的時間，去享受遊玩的樂趣，可以刺激「愉快」的感情

當然每個人都希望品嘗愉快舒適的感情。然而在現實的生活中，往往不能如願以償的。所以利用工作餘暇，十分重要。

但是要徹底利用餘暇時間，是要靠自己下功夫的，而前面所介紹的某啤酒公司的社長，也就是實踐這種功夫中的一人。

他曾在一本書中介紹有關享受餘暇樂趣的方法，頗饒趣味性。例如，當他想要從事某件新鮮的事時，他便約在半年之間沈浸於盧奧等畫家所繪出充滿著熱情的畫，才能使他內心湧出一股熱情，作全力以赴的衝勁。但是相反地，如果當他的心情感覺較焦躁時，就得去欣賞某些畫家的風景畫，才能到一份平靜。這種作法，已經算是屬於蠻獨特的繪畫鑑賞法，但還有更獨特的方式，那就是讓「耳朵、眼睛、頭部都休息」的方法。

例如：於欣賞風景的時候，人工處理的風景區姑且不談。一般進入眼簾的便是電線桿等多餘的景物，也因如此而無法了解風景的原貌了。所以想要了解風景的原貌，就需要將多餘的事物從視線中排除掉。而這位社長就是在練習著邊走路邊消除眼中的電線桿作法。

經過了半年之後，他便自然地對電線桿視而不見。據說這種方式，是向某一名畫家學習得來的。所謂讓眼睛休息，或許指的就是視若無睹吧！

因此若想要尋求改變氣氛時，譬如：在欣賞畫時，不需將所看見的情報通通都接受下來，只需將自己所欣賞的部分仔細觀看，換句話說，也就把不太欣賞的部分捨棄不看。

將自己所欲求的且能提高「愉快」感的部分，加以篩選出來，除此之外的部分要將其捨棄排除，這就是提高感性的作法。

餘暇完全是屬於自己的自由時間，然而就因爲是自己的自由時間，因此就應該要找尋可使自己更加「愉快」的感情，徹底享受快樂，更進一步使腦筋也隨之活躍起來。

所以只要善用餘暇，那麼相信各位不僅可以嚐到「愉快」的感情，也會覺得心曠神怡，而且感性也能因此而提高，對於工作也會帶來良好的影響。

反覆閱讀令你感動的書，便能增加「愉快」感情的機會

感性的鍛鍊方法有很多種，其中一種就是讀書，透過書本便可簡要了解過去的偉大人物之足跡概要，也可以很容易地和他們的思想做接觸。由此而知，讀書真的是種有效的方法，有不少的人從所讀過的一本書中得到了啓蒙，使得其感性被觸發的這種經驗。

而有關讀書的方法，大別來說有二種：一種是走馬看花式，而另一種就是看的書數量較少，卻是以慢慢地仔細精讀的方式。

這二種方式比較起來各有長短，但那一種才是最好的方式呢？很難定論。必須視當時閱讀此書的理由，和個人的喜好及當時的氣氛都有關係。

但是若只針對可以產生出「愉快」的感情一方面而言，則後者所說的精讀方式是較爲理想。因爲當我們看到的是自己所喜愛的作者或作品時，總是會出現要慢慢仔細地去體會的傾向。故後者的方式對於能提高感性，似乎是比較有效。

假使想要利用讀書來培養感性，那麼儘量看更多的作品是最有效的方法。

同時對於自己所喜愛的書反覆地閱讀，對提高感性來說，更會有很好的效果出現。所

以喜愛看書的人，相信常有這種的經驗，只要對自己喜愛的書籍反覆地閱讀，便可以不斷地嚐到「愉快的感情」。

在多次重讀自認爲好書的時候，也許對於上一回不甚理解的句子，豁然開朗地領悟其道，或是也發現了過去所未發覺零細的重點等等的情形。

因此，當讀書的喜悅轉變成「愉快」感時，相對地，也給予感性培養刺激。

磨練感性原則5

要有更多新的及不同的經驗

由不同的經驗中，所感受到的刺激，是可以磨練感性

每一個人都具有感受外在刺激及印象的能力，不過只有這種能力，是無法發揮淋漓盡致的，而是需要和其他的能力共同經過磨練才會發生作用。然而卻常出現具有這種很好的能力，卻不讓其能有所發揮的情況。不過，若能給予新的刺激，那麼就會有效果產生出來。

「創造式的破壞」，乍看似覺矛盾，然而卻有一位由於實踐了這句話，而獲得成功的日本企業人士，並且同時也是位作家、詩人及文明評論家的堤清二，堤清二認爲「經營就是永久的革命」，而他便在他經營上實際地實踐了這種的觀念——日本西武百貨店池袋本店的改建案便是具體例子。

該店的改建頻度和其經營的方法，一向都走在社會的最前端，也一直受到社會的注

目。尤其是在一九七五年九月所完成的第九期計畫，特別獲得有關人員的極高評價。而那個時候經營的主題是「如何應對『生活的流行化』」，將整間店以流行線條的方式展開，同時也建立了美術館及劇場等的建築，使百貨公司成為具有市鎮機能的建築物。

可是不到五年，他們又著手進行第十期的計劃，並且把第九期計畫的主題完全予以破壞，將店裡設計成「專門店的綜合體」，即將內部做大幅度的改造。這是因爲堤清二的感性天線接收到「生活的流行化」情報，已經不符合時代的潮流了，而這個天線所接收到的新情報，則是大衆的需求已偏向於個性化及細分化了。

當他判斷出和需求已經產生了距離感之後，就會立刻想出因應之策，即使是絞盡腦汁才創造出的事物，只要他認爲已經跟不上流行，便會徹底毀壞原來的一切，而又再創造出新的事物來。這也就是堤清二所提倡的「創造式的破壞」。

堤清二的例子，就是屬於否定過去的自己，再追求另一新的事物。這也表示，自己能夠給予自己「新的刺激」，是多麼地重要。至於要如何得到新的經驗及新的刺激，方法有很多。但是要能夠使自己決定來否定自我本身，然後又去追求新的自我時，那麼就得相當大的勇氣，因此所受到的刺激也是非常大。

切莫在單調的方式中持續下去，那就無法提高感性，一旦有一天陷入無所事事的生活中，感覺及感情的反應便會變得平淡、遲鈍，甚至於不會有新的反應表示出來。

當然我們也可能會遭到不希望的刺激。總之，想要更積極的得到新的刺激時，便需要經常要求自己去追求一些新的經驗及不同的經驗，有時候甚至也得做到堤清二所標榜的創造式的破壞，把目前的自己否定，對於提高感性，確實是極爲有效的方法。

改變平日的服飾，來感受和日常不同的「氣氛」

想要使自己得到新的刺激，並非一定要去從事那些會影響到人生的冒險。而是在日常生活中就可以獲得的，例如：我們平時所穿的服裝。

以下介紹一位喜好在大自然的土地中走動，並且會在電視中訪問住在這片土地的人，而獲得好評的一位作家W作家。

根據W的著作『境界的誘惑』中，表示曾經親自到女裝服飾店去採訪，而且其採訪的理由令人突兀。其書中敘述，當他到了女裝服飾店時，便捨棄了男性的心理，而讓自己沈浸於這種舒適的氣氛中。因此每當他再想要得到這種安詳舒適的時候，他便再度踏入女性服飾店。

進入了女裝服飾店後，他也買了女性內衣。而女服務員也爲他穿上一件長禮服和化

感受到新的刺激，感覺及感情才會有所反應

妝，在化妝的過程中，他經常會偷瞧著鏡中的自己，而發現了一個迥然不同的自己，而且自己的原貌不斷地在被改變著。到了最後階段要戴上假髮時，其心理竟陷入恐懼的狀態中。所以當W有了這種經驗後，才領悟出原來女性每天腳跨陰陽兩界，生活在有很大差別的環境中。他認爲女性每天都重複地做這些事，的確是很辛苦。

以上就是W和平日的不同經驗。我自己雖然不敢妝扮成女性，但我也常想要穿上安全不同的服裝。

W的情形，雖然是較爲極端的例子。然而服裝真的是代表個人的性格、嗜好及其生活的態度，因此一旦改變了服裝，心情氣氛也會隨之而做大改變，所以喜歡豔麗的服飾，也許是不錯的方法。

原本每個人都有改變自己的願望，爲了滿足這個願望，最簡單的方法，就是從服裝等等的外觀上來改變，表現出和原本自己個性完全相反的角色，久而久之，漸漸地成爲習慣的例子不乏人在。亦即這個角色因爲新的刺激而出現新鮮的感覺及感情的喜悅。

能夠從日常周遭的事情，使其產生變化，而獲得新的經驗及新的刺激等情況非常多。以女性方面來說，譬如香水的味道或是口紅的顏色，都可以當作一種新的刺激工具來使用。而男性則可藉改變髮型或留鬍子等方式，或許也能成爲一種大膽的刺激吧！

經由改變身上的穿著，便能夠獲得新的經驗。所以可將這種方式視爲提高感性的方法運用。

也可改變屋子的裝飾或是搬家等，經由住家的環境來改變刺激

爲了獲得新的刺激，而改變服裝的穿著，是一種從自我本身改變的有效方法，另外也可以從改變屋內的裝飾，而得到新的經驗。

是否曾經有過待在一成不變的房子裡，而感到無聊及有不愉快感產生出來的經驗。假使有這樣的經驗時，就表示出是因爲缺乏新的刺激。例如生活於早已看膩的傢俱及窗簾色

彩的景色中，在這種毫無變化的生活中，或許永遠無法有新的感情湧出來吧！

由日本本田技研工業公司所出資建造的本田技術研究所，將其設計的二輪車及四輪車等等的商品設計技術，提供給母公司來利用。而且日本關東地區並設有四處的研究所，而其中之一的栃木研究所，就是從事讓窗外的風景能產生四季變化的設計。例如：種植無數的山毛櫸樹木，因爲這種樹木，在春天會長出綠油油的嫩芽，夏天時，整棵樹都是繁茂的綠葉，秋天時葉子便會變紅，而到了冬天，葉子就會因乾枯而掉落在地上了。

這也就是說種植這些能夠很敏感地反應出四季變化的樹木，此外，在景觀上也經過特殊的安排，讓人在院子中散步時，不會發現有經過安排相同的景觀，如此一來，也使在所裡工作的人員，經常可以得到新的刺激，同時對於消除心理上的壓力，大有助益。所以景色的變化，對於感覺和感情的刺激，功效卓越。

然而需要注意的是，即使在遇到某種的刺激，感情也會受到震盪，如果一直重複接收相同的刺激，久而久之，便會失去了新鮮感，感情也會變得遲鈍而陷入倦怠感。非但不會有感情產生，甚至於會變成一位鈍感的人，當然在這種的情況下，磨練感性是不可能的事。

而有意識的搬家，多半是從事於智慧勞動的人吧！尤其是作家M是屬於最典型的例子。

我們先不去提他年輕時那段無賴的歲月。自從他寫下了『麻雀流浪記』這本書一舉成名之後，開始進入他的作家生涯，他在十八年之間搬了九次家，然而就在最後一次從都市搬離至鄉下後，不久便去世結束了人生。

我們可以說，M的作品大都是因爲搬家所得到的啓示，在他作品集中的『愈搬愈窮』這本書裡，引用喜愛搬家的人如此說道「像我這種懶惰的人，一定使自己處身在非做不可的狀態之中，如果是定居在某一地方，每天過著規律的生活方式，那麼結果則是使我不想再去工作了」，以上所說的話，或許也代表著W內心話吧！W本身也是利用搬家，來促進自己的工作的意欲。

然而從現實的環境中來說，不可能想搬就搬，有許多事不可能如仙女揮棒一切都能實現的。但是最起碼，我們可以對自己的屋子稍作變化。因此，在家裡工作時，若有不順心，或許將房子的內部，稍加改變一下，也是一種作法。

感性磨練原則6

並非是坐視不動，而是要增加從他人身上獲得情報的機會

和他人接觸時所得到的刺激，可以擴大感情的幅度，也能加深知識

要談本題之前，先介紹一下賽可姆公司董事長飯田亮所著的『人材論』這本書。

賽可姆公司的前身就是日本第一家出現的保全公司，而這家公司是在一九六二年由飯田及四名員工所創設的，且以所謂的投機事業的方式開始，但該公司卻獲得日本的新企業界的認同。在一九六四年，公司得到飛躍成長的機會，那就是負責東京奧運會的警備工作。其後公司便開始採用機械化警備設施來管理防止犯罪及防火。而目前的年收入已經達一千二百億日圓，成爲一家大企業公司，從業員也超過八千多人。飯田的人材論即是——

其所謂的能幹人才，是指能夠和各方面的人保持聯繫的人，也就是指能建立起人際關係的網路。相反的，若是那些來公司上班時只和公司中的人交往，下班之後也只是和公司的同事去小酌一番的人，不在此論。能夠建立人與人間的網路的人，便能夠獲得各種的情

報，而且由於網目很小，因此連細小的情趣也都易於獲得。

另一方面，如果只和公司裡的同事來往，因爲網目會較粗大，因此所獲得的情報也就容易從粗大的網目中流失。所以透過各種的興趣、運動及活動來和更多的人手交往是有必要的，意識磨練經過了磨練之後，對於繼續得來的情報，便能夠作更正確的判斷。因此强調需要建立起人際關係的網路，其效用就在此。

對於飯田所說的「意識的磨練」之「意識」二字，也可以用「感性」來替換。在第二章中有關新的刺激應如何磨練感性的方法，已做了叙述，然而從他人所得到的刺激和從書中所獲得的刺激是各有不一樣的優點。

感性是由感覺、感情、知識及經驗等幾種主要的要素所組成的。而其中和他人見面交談的時候，所得到的刺激，有時對感情及知識有莫大的影響。而閱讀一本令人感動的書，常能產生舒適的刺激。因爲對於書上所寫的內容，在事先已經有了某些程度的認識，拿來翻看之後，才會決定購買此書。因此自然而然地便會選擇自己所想要閱讀的內容，而所選擇的多半合於自己所構想的內容之情況會增多。換言之，就是利用書使自己正當化。

人類是善變的，因爲人類是屬於情緒變化激烈的生物，所以正面的交談，常會有使對方造成憤怒或引起別人傷心的現象，不過對此若直接接受時，很自然地，自己的感情也會因此而受到影響，如此一來，也可增加讓自己的感情觸發，產生各種刺激的機會。又雖然是和同一人見面，或許每一次見面時，由於對方的反應不同，也可獲得許多預期不到的刺激。

正如「口傳」，乃是必須透過他人的口中才能得到情報，那麼當然就得和他人會面的管道。然而若想要將知識及經驗儲存起來，則必須將這些情報堆積；才能成功地培養有別於他人的豐富感性。

和他人見面交談的時候，對於視覺及聽覺也是種很好的刺激。其時，又能夠再加上手語，那麼便可以使整個五感得到刺激，對於提高感性也就更加有效了。因此和他人見面的時候，並不只是可以讓我們獲得刺激、知識及經驗而已，並且也可將它當作是可充分作爲利用磨練整個五感的場所。

要常出席各種宴會及聚餐集會

現在再來介紹堤清二的例子，堤清二所謂的構想不受限制，就是指要和更多的人來接觸。一般來說大部分擔任大企業的負責人，對於各種宴會及聚餐集會等，常是迫不得已才出席，或者是派代表出席。然而對於堤清二來說，他一定親自參加各種的聚會。旁人看來，他似乎是一位很喜愛各種聚餐的人。

然而，當他出席了這些宴會之餘，並再找出屬於自己的時間埋頭於其著作上，或是重新檢討和業務相關的基本構想，或是重新檢查資料及對情報的整理。堤清二重視和他人之間的交往，其作風令人體會他是充滿著感性的人。

這或許是因爲堤清二懂得去動用自己的五感，以充分吸收他人的刺激吧！出席宴會時，會在席上彼此愉快地談笑。笑可以使得大腦的功能活躍起來，而且對於提高感性也有良好的影響。

所以在宴會席上，能夠愉快地與人談天說笑，愉快的心情也會升高，當然對腦的功能也會產生良好的作用。而且更能呈現出容易接受他人刺激的狀態。那麼對於提高感性，這個方法可說是一舉數得了。

只是參加企業間的聚會及會餐，感性會走向凋謝一途

對於企業家來說，若想要加深和他人之間的交往，且又可提高感性的場所，則宴會是種很有效的手段。但是也有對於提高感性更理想有效的場所，那就是酒館。從某種意義上來說，這個地方對於企業家們往往較聚餐及宴會對磨練感性更爲理想。因爲在此地是集聚

和更多人見面所得到的刺激，可以擴大感情的範圍

三教九流的人喝酒的場所。

一旦置身在這種地方，便能夠得知大衆的心理，大衆的喜好以及期望。而對於要了解大衆的心理是多麼重要的事，現在我們就將日本本田技研工業的創始者本田宗一郎的一段插曲當作實例介紹如下：

最初，本田宗一郎一直認爲設計是屬於藝術家的工作。然而仔細去想，設計又和藝術是不太相同的，設計會隨著流行而有所變化，也就是認爲只要能夠引起現代人的吸引力的作品就是好的。

而有關這一方面，本田也都具有某些的自信，因爲他說他不只是常到那些普通的酒館裡，也常至路邊的攤子去吃東西，他較一般人更認真地四處去嘗試經驗，因此他自認爲十分了解大衆的心理。也能勝任，於是便開始設計了在當時頗受好評的改良號摩托車，果然不負衆望。至此之後，他更深深地體會了解大衆心情是很重要的，且使他更具信心了。

同時，本田宗一郎又說：「雖然一般人不會有從事設計工作的想法，然而卻具備了可以選擇出較出色的設計之能力。」

對於想要獲得各種的刺激，因而經常至人群集中的場所或酒館出入，以便和他人多會面，也是件很有意義的事。而且和宴會的場合比較，便可發現酒館所具有的長處，就是較易使人們的感情能夠更坦率地、强烈地表露出來吧。因爲在公開的場所中，也一定會有部分的感情被保留而不能表達出來。

但在酒館等場所裡，常能得到感情動態的經驗，甚至就將自己的感情直接反應出來。可是若因微醉，感情過分地暴露出來，而演出暴力行爲，那麽就適得其反了。所以若是對於想和各種人的感情接觸時，酒館便爲最佳場所。

雖然說是如此，但我並非强調飲酒是件好事，而是對磨練自己某一方面的感性，能預設定目標，這難道也表示若自己一人孤獨作業時，是否需要犧牲這樣的時間到酒館去，也很好呢?不免令人有些疑惑。

而我個人認爲人際關係的交往需有條理，爲了要能呈現出容易磨練感性的狀態，希望大家都能夠先成爲可以自我控制的人吧！

閱讀完令你感動的書時，寫信給作者也是一種方法

爲了磨練感性，有必要製造更多能和他人見面的機會，也不僅限於酒館，才是和他人見面最多的場所。而是在你所意想不到的地方，也可以遇到這種的機會，那便是利用寫信。由於電話的方便又普及，使寫信的人愈來愈少了。但是，信函可當作是磨練感性的一種手段，乃是不爭的事實。

根據經營顧問公司的C君之說法，對於那些老練的經營者們，他們就十分重視寫信的時間。甚至還聽說有些企業公司的負責人，在發薪當天都會寫封親筆函給各位員工。還有另一家企業公司的負責人，則是要求自己手下的一百五十名員工，在上午一起床的時候，每一人都寫一張明信片給他。

然而這種作法，應該是具有對於員工感謝的心理及謙虛的人格才做得出的吧！同時，這種經營者，也是具有價值判斷能力的人。

又創立理光關係企業的P君，在其年輕時擔任推銷員的時候，就曾因爲經常寫信給某一個人，結果打動了這個人的心，隨之使自己時來運轉。寫信給熟人或陌生人，藉此獲取

新的接觸及發覺到新的交友之道。

例如：在閱讀令人迴腸盪氣的作品後，寫封信給作者，就是一種方法。展開了作者和讀者間的對話，甚至得以直接見面，而擴大人際間之網路。

而且書信的效用也具有辭藻的訓練作用。因文章是供人閱讀的，勢必得在文句上下一番苦心，否則不能引人入勝。而且花費了時間及勞力所寫的信，間接地予對方心理很大的影響，而這種方式和直接用耳朵聽來的，又會有不同的感觸。

例如：在賀年卡中已印刷好的固定文字旁邊，如果能夠親筆寫上一、二行的字，就常會使收信人對你的印象有所改變。因此寫信的方式，就是表現你的感性最好的機會，希望能擅加利用吧！

出外旅行及和他人交談，都可以成為新的刺激

除了以上所說的之外，要擴大人際關係及對磨練感性有助益的活動，便是「旅行」。旅行若從解釋爲脱離了日常生活層面的話，便可以構成一種新的刺激。既然是出外旅行，非抱定達到目的不可的想法，讓自己站在新的土地上，感受到新的刺激之外，也能感受到他人所給予的刺激，而這些也就需要藉由積極與他人的交談中才能獲得。

只是，所獲得的刺激，往往因人而異，因爲住在別的土地上的人，有當地的民情風俗及文化氣質，因此你若和陌生人交談時，相信所得到的刺激會超過熟人更多吧！

又到達某一地時，不論是和他人交談或是有其他的作爲，都得先對該地事先略加調查一番，總會比盲目而去的好。

例如：事先能對當地有一概括性了解，當你和當地人交談的時候，話題會變得更多，也會談得更有趣，或許也能得到意想不到的感動吧！

又譬如：乍看之下只是一偏僻的原野地帶，事實上，在此之前曾是一古戰場，曾經歷過一場激烈的戰爭，只要知道了這一點，那麼對於這片原野會再加上戰爭的形象，原來這是某位名將奮戰的地方或是此地曾經造成一場悲劇，那麼，對於某個地方的風景所抱持的意義，將更爲深刻。

倘若於事前對它一無所知，充其量只當它是個令人有些煞風景的地方罷了，然後掃興而返；反之，如果能夠對於有關這片土地上的景觀先以整個五感來體會，再利用事前所查得的知識，將感覺及感情的反應充分發揮出來。關於這一點，對於能否培養豐富的感性，有極大的差別。

擁有會批評的朋友，也是種刺激

要擴大人際關係的方法，前面已經利用了具體的例子說明過了。然而，當我們和他人交往時，往往容易在心理上排斥那些喜歡指摘你的缺點的人，換句話說，只和自己意志相同的人或是喜歡和擅於奉迎者交往。

物以類聚雖未必是件壞事，有時還是維持長久的交往。可是若只限於這人交往，彼此間只會說出情投意合的話，就是很好嗎？也不盡然吧！

正如前面所提到的賽可姆公司的負責人飯田亮所說的：「當一個人成熟穩定之後，便自然而然地會和各種人接觸，同時也會遇到各種的事情，例如出現一些不堪入耳的話，或是批評、建議。」也就是說，當你自己的爲人尚不成熟時，不會出現誠懇忠告者。所以，爲了使自己更成熟及建立良好的人品，需要和自己個性不相合及會說些令你忠言逆耳的人交往爲宜。

在歷史上便有數不出周圍繞著的只是些佞臣，最後使得權力者加速没落的例子。這正是擁有權力者的爲人不成熟、不穩定的寫照。更進一步言，即權力者並非一個可以永久維持其榮華富貴的人才。

若只想要「很舒適的刺激」，感性是不易到磨練的。因此有時候也需要讓自己的感性，從根本上得到振盪的刺激，雖然有些朋友，見了面便爭執不休，因此令人十分厭煩，但隔一段時日後，便不知不覺地想念起他來了。像這類朋友，也許才可稱得上是有真正感情的友誼。

因此，除了情意投合的友人外，也要擁有會和自己辯論的朋友，有時候或許因一句話而鬧彆扭，或者有時候會因對方說出刺耳的話，而讓你感到難堪吧！

然而像這樣的朋友，大多數擁有自己所欠缺的某部分，而和他們交往，等於就是在提供你新鮮的刺激。不過，這種惡意中傷他人的朋友，則另當別論。然而，若具有誠意而批評朋友的人，便可以使感覺及感情獲得好的刺激，這種難能可貴的朋友，應和他維持彼此間親密的交情。

磨練感性原則 7

明確自己的目標

只要能明瞭自己的目標，則願望或欲求實現的比率也會提高

正在閱讀本書的你，對於自己每天的工作或生活，是否都抱有一堅定的目標去進行呢？如果你的目標不明確，那麼對磨練感性，會造成負面的影響。

前二章，已將有關欲求及願望對感性會造成大影響，做了敘述。而欲求、願望及生命力中若存有著「想要成爲那樣子」的强烈願望，那麼注意力便會提高，且感覺及感情也較易保持敏銳反應的狀態。而這種現象的產生又和呈現銳利感性的狀態相關，且目標訂定得愈明確，對於欲求及願望之實現的程度便會愈强。因此不論是具體的或是「形象上」的目標都盡可能地保持明確。

一個毫無訂下目標的人，會產生怎樣的情形呢？相信此時這個人的感性必定是處於遲鈍的狀態吧！那是因爲他對於自身目前的現實感到滿足，並且在目標和現實之間出現空

隙，故影響敏感的程度，在這樣的狀態下，注意力也就不可能提高。

發現邁錫尼及特洛文明的考古學家SCHLIEMANN，就是一位持續地抱定一目標而獲得成功的偉人。SCHLIEMANN 由於一直相信荷馬的史詩都是根據事實的，所以當他在年少的時候，就已經決定要去挖掘特洛城了。然而待他真正開始挖掘特洛城時，他已近五十歲了。在此之前，他曾經擔任過商店裡的小夥計，於歷經了許多的困難之後，才成爲一位成功的大企業家。

雖然在這段過程之間經歷不少的艱難，然而支撐著他努力的力量，便是年少時所懷抱的夢想，和想要去實現這個夢的一股熱情，而這股熱情也就是強烈的欲求及願望。尤其是想在眼睛無法直接目視到的泥土底下，挖拙找尋遺跡之開端工作，倘若不更加提高注意力及感覺的話，則結果必定是連一碎片也無法有所斬獲。而且他的成功也等於是要推翻當時人們認爲特洛城只是一種幻想式的想法。

有計畫的使目標具體化，便能加強欲求及願望，也能因此提高注意力

目標明確之後，欲求和願望都會因此加强。然而若想讓欲求及願望的程度更加强，則需對目標加以計畫，有了計畫之後，目的或目標也就會變得更具體化。且只要目標能更具

目的愈具體，愈易提高欲求和願望

體化，便能夠提高欲求和願望的強度。關於這點，舉某名人E君爲例。

　E君認爲退休後的生活反而趨向安定，因此他鼓勵大衆將收入的五分之一存起來，將其投資於不動產上，然而在此他所謂的不動產並不是指土地或房子等資產，而是指音樂、美術、園藝或釣魚等等，適合讓自己個性快樂的興趣。

　E君將這些興趣，說成是嗜好的不動產。他何以作此鼓勵?溯其原因，原來他曾經有過一些痛苦的經驗，而這些經驗E居都曾在自己的著作——『脾氣彆扭的人』的書中敘述過。

「當我還是個小學生時，就喜歡繪畫了。總想有一天能夠學習繪畫，但因工作過於繁忙，所以未達此願望。迄至我已花甲之年，由於好友的協助，才如願以償，於每個月裡上兩次繪畫課。

一直到現在，我還很後悔未及早有繪畫的準備，但這指的不是早一天繪畫，而是指在繪畫之前應該先買些畫册來欣賞，或是不斷地參觀繪畫展覽會，培養對畫畫的能力，所以，每當和年輕人一起做畫時，常自歎弗如而後悔。」

E君從小喜歡繪畫，但因爲沒有及早有所準備而造成他的後悔。而E君所後悔的情況也就是和我所說的擬定計畫之必要性是相同的意思，只要有了目標，就一定要擬定好計畫，使其具體化之後，而能儘早實現才理想。

不過，他具有的强烈欲求和願望，仍然令人驚訝。雖然他在小說的世界裡，已充分發揮了其感性，但他仍然擁有一股强烈的學習繪畫的情緒，就是這股强烈欲求和願望，因而也提高了E君的感受性。

目的在經過擬定計畫之後，將會使其更具體化，也能因此提高了欲求和願望，使感受性更爲洗鍊。

但是這並不表不對任何的事情，都需訂出遠大的計畫來，而是在較可能實現的範圍内篩選爲出發，再逐漸地充實計畫即可。但最重要的是要確定目的，且持續維持達成目的之欲求和願望。

無論周圍的人作何批評，只要能專注於自己的目的就能磨練感性

有關確立了目的，才能提高欲求、願望和注意力，並且使感性處於敏銳的狀態已經敘及。但是往往在自己已確立了目的時，在現實周圍環境中卻常出現了一些對你不利的聲音，在遇到這樣的情況時，若能按照著自己原來的做法去做，便能提高欲求和願望。而以這種方法使得其感性提高了，並且獲得成功的人士，就是地球物理學者Y君。

Y君在其著作『我改善腦筋的方法』一書中，表示任何事情若沒有『目的』都無法開始？不僅人生不能開始，就連工作亦是如此。那麼Y君的目的爲何呢？如何去判定其是否已達成目的了？其條件、基準又是什麼呢？

首先，Y君所謂的理想人生是指「自我實現」，而滿足其自我實現的條件則是①從事自己所喜歡的工作，②這種工作能維持生活，③這份工作能獲得高評價等三項。Y君並且也强調，若自己能達成這三項條件，便是一個幸福的人。

總之，Y君目前就是從事自己喜歡的工作，不僅能維持其生活，又獲得社會一般的好評。當然這絕非不勞而獲，而是對於自己該做的事，確實做好。譬如，他就從未疏忽過自己身爲教授的本職。

Y君從任助教的時期，便一直準備要撰寫專門的研究著作，認清自己在當上教授之後，可使自己發揮活躍起來的事情，因此還任教職時，便開始專心準備研究的材料。

爲了實現自己的目的，幾乎是排開萬難，孜孜不倦地磨練自己。不過，阻礙依然存在，例如他每年爲了建立經濟基礎，認真撰寫考試用的參考書做爲副業。爲此而倍受外界的指責非難，使其在晉升教授資格時發生了問題。

但是，Y君在其職守上一向表現兢兢業業，因此獲得諸多友人之支持，終於升格爲教授。

他爲了實現理想的人生，專注地向目的邁進之精神，令人欽佩。更可貴的是，他能不忽略自己本業，尚且還能堅持自己的目的，更讓人覺得了不起。他在邁向目的之過程中，一直讓這種欲求和願望保持著高昂的狀態，即使其間頻遭反對聲浪，依然堅持著自己强烈的願望，毫不遲疑地往前邁進。

但最重要的是「不要忘記培養一些自我實現的經歷」。Y君說：「如果懷著强烈的去從事某件事之心情，多多少少也能夠彌補自己能力上的缺陷。」或是「找尋自己想做的事，自己擅長的事，這才是人生真正的開始。」Y君所說的這些話，已經道盡了目的與欲求願望之重要性。然而決定目的，堅持欲求和願望，提高了感性之後，就看你如何忠實地走向自己的目的，來決定感性的敏銳度了。

當然，世事不可能暢行無阻的，但是遇到這種狀況時，請不要灰心，充分地利用現有的機會，忠實地向自己的目標，堅持到最後。如此，便能使感性維持處於敏銳的狀態。

磨練感性原則 8

增加表現感動的選擇技巧

具擬言詞，使表現力豐富

第二章已說過，感覺敏銳的人，較易分辨出微妙間的差異。例如：具有非常敏銳聽覺的人，當他在聆聽兩位著名的鋼琴家演奏名曲時，便能分辨出演奏間兩者所產生之微妙差異。而若是位精通音樂的人，且又非常喜歡這首曲子時，他不僅能欣賞這曲音樂，尚能享受兩者演奏間之差異，所以只是聽覺靈敏，如果不能向他人正確地說明出兩者間演奏的差異，那麼其所發覺的差異，別人也就無從得知。

簡言之，即使具有敏銳的感覺及坦率的感情，如果不能正確的表示出來，傳遞給對方，就不能稱作他是具有敏銳的感性。因此他的感覺和感情，也等於英雄無用武之地了。

所以當自己有所感覺和感動時，有必要以某種手段正確地表達出來。而人類的表現手段，不外乎是透過語言，語言能夠正確地將感覺傳達給對方。

但是就如同上面所說的例子，因爲所感覺出的是極爲微妙的差異，所以如果不加以注意選擇語言作正確表示，那麼對方將很難理解這細微間的差異。換言之，敏銳的感性，不僅需要有優越的感覺和感情，而表達這種感覺、感情的微妙說明法或正確地使用言詞等豐富的語言能力，都是不可或缺的，將這些能力總合起來，才能成爲敏銳的狀態。

而培養這種語言的表現力，則需要靠平時不斷地努力；例如平時就需多讀書或是養成查字典的習慣，把握住單字之正確意義，與別人交談時，才能選擇正確的言語來表達。因此是否能夠具擬言詞，是左右感性敏銳或遲鈍之分水嶺。

對於食物的味道，要有意識的表達

當我們吃東西時若能有意識地去加以品嚐，並且將所感覺的味道，能夠實際地用語言表達，也是一種可提高表現力，使感性敏銳之有效訓練方法。

能夠巧妙地表示出食物的滋味的人，是不錯的，但有時若不因智慧之不足，無法將所感覺的味道，以正確的語言表達，這時就可參考有關食物所撰寫的書本或小說了。

小說家等從事寫文章工作的人，他們都是自認爲自己就有如個美食家，能將各種食物味道以文章表達寫成小說。當然，寫小說的人也是經過訓練的，不只對味道挑剔，也由於職業的關係，需精通各種語言，因此能夠對各種味道以多姿多采的語言來表現。

P君就是一個很好的例子，P君曾在某項對談中提到有關威士忌酒味道的一段話，他說：「玉米威士忌有葡萄酒的香味，而蘇格蘭威士忌則有金屬臭的味道」，P君在談論有關香味或氣味的言詞時，卻以和酒毫無關連的金屬一詞作替代表示，尚且還能將此意義在感覺上正確地傳達出來，其表達方式真令人感嘆。

除了書籍之外，最近經常在電視中播放品嚐佳餚的節目裡，不少的演員所表現的語言，不僅非常獨特也很正確。演員這項職業依靠感性所支持的部分很大，因而他們常能在適當的時期，便能夠很自然地不加思索地口出妙言來。

因此，不論是書本或是電視節目也好，只要我們肯多閱讀書籍，就能夠獲得不少的知識。倘若自認爲表現力不足時，就該在所閱讀的書籍或所觀看的節目中，尋找合適自己表現的言詞，只要能充分地去做這些準備工作，則所知字彙也就會增加。而培養表現力也就是在培養感性。所以，藉由食物的味道來表達自己的感覺和感情，對感覺之訓練及感情的刺激是相當有效的。

大展出版社有限公司	圖書目錄

地址：台北市北投區11204
致遠一路二段12巷1號
郵撥： 0166955～1
電話：(02) 8236031
8236033
傳眞：(02) 8272069

・法律專欄連載・電腦編號 58

台大法學院 法律學系／策劃
法律服務社／編著

①別讓您的權利睡著了[1]		200元
②別讓您的權利睡著了[2]		200元

・秘傳占卜系列・電腦編號 14

①手相術	淺野八郎著	150元
②人相術	淺野八郎著	150元
③西洋占星術	淺野八郎著	150元
④中國神奇占卜	淺野八郎著	150元
⑤夢判斷	淺野八郎著	150元
⑥前世、來世占卜	淺野八郎著	150元
⑦法國式血型學	淺野八郎著	150元
⑧靈感、符咒學	淺野八郎著	150元
⑨紙牌占卜學	淺野八郎著	150元
⑩ＥＳＰ超能力占卜	淺野八郎著	150元
⑪猶太數的秘術	淺野八郎著	150元
⑫新心理測驗	淺野八郎著	160元

・趣味心理講座・電腦編號 15

①性格測驗１	探索男與女	淺野八郎著	140元
②性格測驗２	透視人心奧秘	淺野八郎著	140元
③性格測驗３	發現陌生的自己	淺野八郎著	140元
④性格測驗４	發現你的真面目	淺野八郎著	140元
⑤性格測驗５	讓你們吃驚	淺野八郎著	140元
⑥性格測驗６	洞穿心理盲點	淺野八郎著	140元
⑦性格測驗７	探索對方心理	淺野八郎著	140元
⑧性格測驗８	由吃認識自己	淺野八郎著	140元
⑨性格測驗９	戀愛知多少	淺野八郎著	160元

⑩性格測驗10	由裝扮瞭解人心	淺野八郎著	140元
⑪性格測驗11	敲開內心玄機	淺野八郎著	140元
⑫性格測驗12	透視你的未來	淺野八郎著	140元
⑬血型與你的一生		淺野八郎著	160元
⑭趣味推理遊戲		淺野八郎著	160元
⑮行爲語言解析		淺野八郎著	160元

・婦 幼 天 地・電腦編號16

①八萬人減肥成果	黃靜香譯	180元
②三分鐘減肥體操	楊鴻儒譯	150元
③窈窕淑女美髮秘訣	柯素娥譯	130元
④使妳更迷人	成　玉譯	130元
⑤女性的更年期	官舒妍編譯	160元
⑥胎內育兒法	李玉瓊編譯	150元
⑦早產兒袋鼠式護理	唐岱蘭譯	200元
⑧初次懷孕與生產	婦幼天地編譯組	180元
⑨初次育兒12個月	婦幼天地編譯組	180元
⑩斷乳食與幼兒食	婦幼天地編譯組	180元
⑪培養幼兒能力與性向	婦幼天地編譯組	180元
⑫培養幼兒創造力的玩具與遊戲	婦幼天地編譯組	180元
⑬幼兒的症狀與疾病	婦幼天地編譯組	180元
⑭腿部苗條健美法	婦幼天地編譯組	180元
⑮女性腰痛別忽視	婦幼天地編譯組	150元
⑯舒展身心體操術	李玉瓊編譯	130元
⑰三分鐘臉部體操	趙薇妮著	160元
⑱生動的笑容表情術	趙薇妮著	160元
⑲心曠神怡減肥法	川津祐介著	130元
⑳內衣使妳更美麗	陳玄茹譯	130元
㉑瑜伽美姿美容	黃靜香編著	150元
㉒高雅女性裝扮學	陳珮玲譯	180元
㉓蠶糞肌膚美顏法	坂梨秀子著	160元
㉔認識妳的身體	李玉瓊譯	160元
㉕產後恢復苗條體態	居理安・芙萊喬著	200元
㉖正確護髮美容法	山崎伊久江著	180元
㉗安琪拉美姿養生學	安琪拉蘭斯博瑞著	180元
㉘女體性醫學剖析	增田豐著	220元
㉙懷孕與生產剖析	岡部綾子著	180元
㉚斷奶後的健康育兒	東城百合子著	220元
㉛引出孩子幹勁的責罵藝術	多湖輝著	170元
㉜培養孩子獨立的藝術	多湖輝著	170元

㉝子宮肌瘤與卵巢囊腫	陳秀琳編著	180元
㉞下半身減肥法	納他夏・史達賓著	180元
㉟女性自然美容法	吳雅菁編著	180元
㊱再也不發胖	池園悅太郎著	170元
㊲生男生女控制術	中垣勝裕著	220元
㊳使妳的肌膚更亮麗	楊　皓編著	170元

・青 春 天 地・電腦編號 17

①A血型與星座	柯素娥編譯	120元
②B血型與星座	柯素娥編譯	120元
③O血型與星座	柯素娥編譯	120元
④AB血型與星座	柯素娥編譯	120元
⑤青春期性教室	呂貴嵐編譯	130元
⑥事半功倍讀書法	王毅希編譯	150元
⑦難解數學破題	宋釗宜編譯	130元
⑧速算解題技巧	宋釗宜編譯	130元
⑨小論文寫作秘訣	林顯茂編譯	120元
⑪中學生野外遊戲	熊谷康編著	120元
⑫恐怖極短篇	柯素娥編譯	130元
⑬恐怖夜話	小毛驢編譯	130元
⑭恐怖幽默短篇	小毛驢編譯	120元
⑮黑色幽默短篇	小毛驢編譯	120元
⑯靈異怪談	小毛驢編譯	130元
⑰錯覺遊戲	小毛驢編譯	130元
⑱整人遊戲	小毛驢編著	150元
⑲有趣的超常識	柯素娥編譯	130元
⑳哦！原來如此	林慶旺編譯	130元
㉑趣味競賽100種	劉名揚編譯	120元
㉒數學謎題入門	宋釗宜編譯	150元
㉓數學謎題解析	宋釗宜編譯	150元
㉔透視男女心理	林慶旺編譯	120元
㉕少女情懷的自白	李桂蘭編譯	120元
㉖由兄弟姊妹看命運	李玉瓊編譯	130元
㉗趣味的科學魔術	林慶旺編譯	150元
㉘趣味的心理實驗室	李燕玲編譯	150元
㉙愛與性心理測驗	小毛驢編譯	130元
㉚刑案推理解謎	小毛驢編譯	130元
㉛偵探常識推理	小毛驢編譯	130元
㉜偵探常識解謎	小毛驢編譯	130元
㉝偵探推理遊戲	小毛驢編譯	130元

㉞趣味的超魔術	廖玉山編著	150元
㉟趣味的珍奇發明	柯素娥編著	150元
㊱登山用具與技巧	陳瑞菊編著	150元

•健 康 天 地• 電腦編號 18

①壓力的預防與治療	柯素娥編譯	130元
②超科學氣的魔力	柯素娥編譯	130元
③尿療法治病的神奇	中尾良一著	130元
④鐵證如山的尿療法奇蹟	廖玉山譯	120元
⑤一日斷食健康法	葉慈容編譯	150元
⑥胃部強健法	陳炳崑譯	120元
⑦癌症早期檢查法	廖松濤譯	160元
⑧老人痴呆症防止法	柯素娥編譯	130元
⑨松葉汁健康飲料	陳麗芬編譯	130元
⑩揉肚臍健康法	永井秋夫著	150元
⑪過勞死、猝死的預防	卓秀貞編譯	130元
⑫高血壓治療與飲食	藤山順豐著	150元
⑬老人看護指南	柯素娥編譯	150元
⑭美容外科淺談	楊啟宏著	150元
⑮美容外科新境界	楊啟宏著	150元
⑯鹽是天然的醫生	西英司郎著	140元
⑰年輕十歲不是夢	梁瑞麟譯	200元
⑱茶料理治百病	桑野和民著	180元
⑲綠茶治病寶典	桑野和民著	150元
⑳杜仲茶養顏減肥法	西田博著	150元
㉑蜂膠驚人療效	瀨長良三郎著	150元
㉒蜂膠治百病	瀨長良三郎著	180元
㉓醫藥與生活	鄭炳全著	180元
㉔鈣長生寶典	落合敏著	180元
㉕大蒜長生寶典	木下繁太郎著	160元
㉖居家自我健康檢查	石川恭三著	160元
㉗永恒的健康人生	李秀鈴譯	200元
㉘大豆卵磷脂長生寶典	劉雪卿譯	150元
㉙芳香療法	梁艾琳譯	160元
㉚醋長生寶典	柯素娥譯	180元
㉛從星座透視健康	席拉•吉蒂斯著	180元
㉜愉悅自在保健學	野本二士夫著	160元
㉝裸睡健康法	丸山淳士等著	160元
㉞糖尿病預防與治療	藤田順豐著	180元
㉟維他命長生寶典	菅原明子著	180元

㊱維他命C新效果	鐘文訓編	150元
㊲手、腳病理按摩	堤芳朗著	160元
㊳AIDS瞭解與預防	彼得塔歇爾著	180元
㊴甲殼質殼聚糖健康法	沈永嘉譯	160元
㊵神經痛預防與治療	木下眞男著	160元
㊶室內身體鍛鍊法	陳炳崑編著	160元
㊷吃出健康藥膳	劉大器編著	180元
㊸自我指壓術	蘇燕謀編著	160元
㊹紅蘿蔔汁斷食療法	李玉瓊編著	150元
㊺洗心術健康秘法	竺翠萍編譯	170元
㊻枇杷葉健康療法	柯素娥編譯	180元
㊼抗衰血癒	楊啟宏著	180元
㊽與癌搏鬥記	逸見政孝著	180元
㊾冬蟲夏草長生寶典	高橋義博著	170元
㊿痔瘡・大腸疾病先端療法	宮島伸宜著	180元
51膠布治癒頑固慢性病	加瀨建造著	180元
52芝麻神奇健康法	小林貞作著	170元
53香煙能防止癡呆？	高田明和著	180元
54穀菜食治癌療法	佐藤成志著	180元
55貼藥健康法	松原英多著	180元
56克服癌症調和道呼吸法	帶津良一著	180元
57Ｂ型肝炎預防與治療	野村喜重郎著	180元
58青春永駐養生導引術	早島正雄著	180元
59改變呼吸法創造健康	原久子著	180元
60荷爾蒙平衡養生秘訣	出村博著	180元
61水美肌健康法	井戶勝富著	170元
62認識食物掌握健康	廖梅珠編著	170元
63痛風劇痛消除法	鈴木吉彥著	180元
64酸莖菌驚人療效	上田明彥著	180元
65大豆卵磷脂治現代病	神津健一著	200元
66時辰療法——危險時刻凌晨4時	呂建強等著	元
67自然治癒力提升法	帶津良一著	元
68巧妙的氣保健法	藤平墨子著	元

•實用女性學講座•電腦編號 19

①解讀女性內心世界	島田一男著	150元
②塑造成熟的女性	島田一男著	150元
③女性整體裝扮學	黃靜香編著	180元
④女性應對禮儀	黃靜香編著	180元

・校 園 系 列・電腦編號 20

①讀書集中術	多湖輝著	150元
②應考的訣竅	多湖輝著	150元
③輕鬆讀書贏得聯考	多湖輝著	150元
④讀書記憶秘訣	多湖輝著	150元
⑤視力恢復！超速讀術	江錦雲譯	180元
⑥讀書36計	黃柏松編著	180元
⑦驚人的速讀術	鐘文訓編著	170元
⑧學生課業輔導良方	多湖輝著	170元

・實用心理學講座・電腦編號 21

①拆穿欺騙伎倆	多湖輝著	140元
②創造好構想	多湖輝著	140元
③面對面心理術	多湖輝著	160元
④偽裝心理術	多湖輝著	140元
⑤透視人性弱點	多湖輝著	140元
⑥自我表現術	多湖輝著	150元
⑦不可思議的人性心理	多湖輝著	150元
⑧催眠術入門	多湖輝著	150元
⑨責罵部屬的藝術	多湖輝著	150元
⑩精神力	多湖輝著	150元
⑪厚黑說服術	多湖輝著	150元
⑫集中力	多湖輝著	150元
⑬構想力	多湖輝著	150元
⑭深層心理術	多湖輝著	160元
⑮深層語言術	多湖輝著	160元
⑯深層說服術	多湖輝著	180元
⑰掌握潛在心理	多湖輝著	160元
⑱洞悉心理陷阱	多湖輝著	180元
⑲解讀金錢心理	多湖輝著	180元
⑳拆穿語言圈套	多湖輝著	180元
㉑語言的心理戰	多湖輝著	180元

・超現實心理講座・電腦編號 22

①超意識覺醒法	詹蔚芬編譯	130元
②護摩秘法與人生	劉名揚編譯	130元
③秘法！超級仙術入門	陸　明譯	150元

④給地球人的訊息	柯素娥編著	150元
⑤密教的神通力	劉名揚編著	130元
⑥神秘奇妙的世界	平川陽一著	180元
⑦地球文明的超革命	吳秋嬌譯	200元
⑧力量石的秘密	吳秋嬌譯	180元
⑨超能力的靈異世界	馬小莉譯	200元
⑩逃離地球毀滅的命運	吳秋嬌譯	200元
⑪宇宙與地球終結之謎	南山宏著	200元
⑫驚世奇功揭秘	傅起鳳著	200元
⑬啟發身心潛力心象訓練法	栗田昌裕著	180元
⑭仙道術遁甲法	高藤聰一郎著	220元
⑮神通力的秘密	中岡俊哉著	180元
⑯仙人成仙術	高藤聰一郎著	200元
⑰仙道符咒氣功法	高藤聰一郎著	220元
⑱仙道風水術尋龍法	高藤聰一郎著	200元
⑲仙道奇蹟超幻像	高藤聰一郎著	200元
⑳仙道鍊金術房中法	高藤聰一郎著	200元

•養 生 保 健• 電腦編號 23

①醫療養生氣功	黃孝寬著	250元
②中國氣功圖譜	余功保著	230元
③少林醫療氣功精粹	井玉蘭著	250元
④龍形實用氣功	吳大才等著	220元
⑤魚戲增視強身氣功	宮　嬰著	220元
⑥嚴新氣功	前新培金著	250元
⑦道家玄牝氣功	張　章著	200元
⑧仙家秘傳袪病功	李遠國著	160元
⑨少林十大健身功	秦慶豐著	180元
⑩中國自控氣功	張明武著	250元
⑪醫療防癌氣功	黃孝寬著	250元
⑫醫療強身氣功	黃孝寬著	250元
⑬醫療點穴氣功	黃孝寬著	250元
⑭中國八卦如意功	趙維漢著	180元
⑮正宗馬禮堂養氣功	馬禮堂著	420元
⑯秘傳道家筋經內丹功	王慶餘著	280元
⑰三元開慧功	辛桂林著	250元
⑱防癌治癌新氣功	郭　林著	180元
⑲禪定與佛家氣功修煉	劉天君著	200元
⑳顛倒之術	梅自強著	360元
㉑簡明氣功辭典	吳家駿編	元

㉒八卦三合功	張全亮著	230元

•社會人智囊•電腦編號24

①糾紛談判術	清水增三著	160元
②創造關鍵術	淺野八郎著	150元
③觀人術	淺野八郎著	180元
④應急詭辯術	廖英迪編著	160元
⑤天才家學習術	木原武一著	160元
⑥猫型狗式鑑人術	淺野八郎著	180元
⑦逆轉運掌握術	淺野八郎著	180元
⑧人際圓融術	澀谷昌三著	160元
⑨解讀人心術	淺野八郎著	180元
⑩與上司水乳交融術	秋元隆司著	180元
⑪男女心態定律	小田晉著	180元
⑫幽默說話術	林振輝編著	200元
⑬人能信賴幾分	淺野八郎著	180元
⑭我一定能成功	李玉瓊譯	180元
⑮獻給青年的嘉言	陳蒼杰譯	180元
⑯知人、知面、知其心	林振輝編著	180元
⑰塑造堅強的個性	坂上肇著	180元
⑱爲自己而活	佐藤綾子著	180元
⑲未來十年與愉快生活有約	船井幸雄著	180元

•精選系列•電腦編號25

①毛澤東與鄧小平	渡邊利夫等著	280元
②中國大崩裂	江戶介雄著	180元
③台灣•亞洲奇蹟	上村幸治著	220元
④7-ELEVEN高盈收策略	國友隆一著	180元
⑤台灣獨立	森　詠著	200元
⑥迷失中國的末路	江戶雄介著	220元
⑦2000年5月全世界毀滅	紫藤甲子男著	180元
⑧失去鄧小平的中國	小島朋之著	220元

•運動遊戲•電腦編號26

①雙人運動	李玉瓊譯	160元
②愉快的跳繩運動	廖玉山譯	180元
③運動會項目精選	王佑京譯	150元
④肋木運動	廖玉山譯	150元

⑤測力運動	王佑宗譯	150元

・休 閒 娛 樂・電腦編號 27

①海水魚飼養法	田中智浩著	300元
②金魚飼養法	曾雪玫譯	250元

・銀髮族智慧學・電腦編號 28

①銀髮六十樂逍遙	多湖輝著	170元
②人生六十反年輕	多湖輝著	170元
③六十歲的決斷	多湖輝著	170元

・飲 食 保 健・電腦編號 29

①自己製作健康茶	大海淳著	220元
②好吃、具藥效茶料理	德永睦子著	220元
③改善慢性病健康茶	吳秋嬌譯	200元

・家庭醫學保健・電腦編號 30

①女性醫學大全	雨森良彥著	380元
②初爲人父育兒寶典	小瀧周曹著	220元
③性活力強健法	相建華著	200元
④30歲以上的懷孕與生產	李芳黛編著	元

・心 靈 雅 集・電腦編號 00

①禪言佛語看人生	松濤弘道著	180元
②禪密教的奧秘	葉逯謙譯	120元
③觀音大法力	田口日勝著	120元
④觀音法力的大功德	田口日勝著	120元
⑤達摩禪106智慧	劉華亭編譯	220元
⑥有趣的佛教研究	葉逯謙編譯	170元
⑦夢的開運法	蕭京凌譯	130元
⑧禪學智慧	柯素娥編譯	130元
⑨女性佛教入門	許俐萍譯	110元
⑩佛像小百科	心靈雅集編譯組	130元
⑪佛教小百科趣談	心靈雅集編譯組	120元
⑫佛教小百科漫談	心靈雅集編譯組	150元
⑬佛教知識小百科	心靈雅集編譯組	150元

⑭佛學名言智慧	松濤弘道著	220元
⑮釋迦名言智慧	松濤弘道著	220元
⑯活人禪	平田精耕著	120元
⑰坐禪入門	柯素娥編譯	150元
⑱現代禪悟	柯素娥編譯	130元
⑲道元禪師語錄	心靈雅集編譯組	130元
⑳佛學經典指南	心靈雅集編譯組	130元
㉑何謂「生」　阿含經	心靈雅集編譯組	150元
㉒一切皆空　般若心經	心靈雅集編譯組	150元
㉓超越迷惘　法句經	心靈雅集編譯組	130元
㉔開拓宇宙觀　華嚴經	心靈雅集編譯組	130元
㉕真實之道　法華經	心靈雅集編譯組	130元
㉖自由自在　涅槃經	心靈雅集編譯組	130元
㉗沈默的教示　維摩經	心靈雅集編譯組	150元
㉘開通心眼　佛語佛戒	心靈雅集編譯組	130元
㉙揭秘寶庫　密教經典	心靈雅集編譯組	130元
㉚坐禪與養生	廖松濤譯	110元
㉛釋尊十戒	柯素娥編譯	120元
㉜佛法與神通	劉欣如編著	120元
㉝悟（正法眼藏的世界）	柯素娥編譯	120元
㉞只管打坐	劉欣如編著	120元
㉟喬答摩・佛陀傳	劉欣如編著	120元
㊱唐玄奘留學記	劉欣如編著	120元
㊲佛教的人生觀	劉欣如編譯	110元
㊳無門關（上卷）	心靈雅集編譯組	150元
㊴無門關（下卷）	心靈雅集編譯組	150元
㊵業的思想	劉欣如編著	130元
㊶佛法難學嗎	劉欣如著	140元
㊷佛法實用嗎	劉欣如著	140元
㊸佛法殊勝嗎	劉欣如著	140元
㊹因果報應法則	李常傳編	140元
㊺佛教醫學的奧秘	劉欣如編著	150元
㊻紅塵絕唱	海　若著	130元
㊼佛教生活風情	洪丕謨、姜玉珍著	220元
㊽行住坐臥有佛法	劉欣如著	160元
㊾起心動念是佛法	劉欣如著	160元
㊿四字禪語	曹洞宗青年會	200元
51妙法蓮華經	劉欣如編著	160元
52根本佛教與大乘佛教	葉作森編	180元
53大乘佛經	定方晟著	180元
54須彌山與極樂世界	定方晟著	180元

㊺阿闍世的悟道	定方晟著	180元
㊻金剛經的生活智慧	劉欣如著	180元

•經 營 管 理•電腦編號01

◎創新經營管理六十六大計（精）	蔡弘文編	780元
①如何獲取生意情報	蘇燕謀譯	110元
②經濟常識問答	蘇燕謀譯	130元
④台灣商戰風雲錄	陳中雄著	120元
⑤推銷大王秘錄	原一平著	180元
⑥新創意•賺大錢	王家成譯	90元
⑦工廠管理新手法	琪　輝著	120元
⑨經營參謀	柯順隆譯	120元
⑩美國實業24小時	柯順隆譯	80元
⑪撼動人心的推銷法	原一平著	150元
⑫高竿經營法	蔡弘文編	120元
⑬如何掌握顧客	柯順隆譯	150元
⑭一等一賺錢策略	蔡弘文編	120元
⑯成功經營妙方	鐘文訓著	120元
⑰一流的管理	蔡弘文編	150元
⑱外國人看中韓經濟	劉華亭譯	150元
⑳突破商場人際學	林振輝編著	90元
㉑無中生有術	琪輝編著	140元
㉒如何使女人打開錢包	林振輝編著	100元
㉓操縱上司術	邑井操著	90元
㉔小公司經營策略	王嘉誠著	160元
㉕成功的會議技巧	鐘文訓編譯	100元
㉖新時代老闆學	黃柏松編著	100元
㉗如何創造商場智囊團	林振輝編譯	150元
㉘十分鐘推銷術	林振輝編譯	180元
㉙五分鐘育才	黃柏松編譯	100元
㉚成功商場戰術	陸明編譯	100元
㉛商場談話技巧	劉華亭編譯	120元
㉜企業帝王學	鐘文訓譯	90元
㉝自我經濟學	廖松濤編譯	100元
㉞一流的經營	陶田生編著	120元
㉟女性職員管理術	王昭國編譯	120元
㊱ＩＢＭ的人事管理	鐘文訓編譯	150元
㊲現代電腦常識	王昭國編譯	150元
㊳電腦管理的危機	鐘文訓編譯	120元
㊴如何發揮廣告效果	王昭國編譯	150元

㊵最新管理技巧	王昭國編譯	150元
㊶一流推銷術	廖松濤編譯	150元
㊷包裝與促銷技巧	王昭國編譯	130元
㊸企業王國指揮塔	松下幸之助著	120元
㊹企業精鋭兵團	松下幸之助著	120元
㊺企業人事管理	松下幸之助著	100元
㊻華僑經商致富術	廖松濤編譯	130元
㊼豐田式銷售技巧	廖松濤編譯	180元
㊽如何掌握銷售技巧	王昭國編著	130元
㊿洞燭機先的經營	鐘文訓編譯	150元
52新世紀的服務業	鐘文訓編譯	100元
53成功的領導者	廖松濤編譯	120元
54女推銷員成功術	李玉瓊編譯	130元
55ＩＢＭ人才培育術	鐘文訓編譯	100元
56企業人自我突破法	黃琪輝編著	150元
58財富開發術	蔡弘文編著	130元
59成功的店舖設計	鐘文訓編著	150元
61企管回春法	蔡弘文編著	130元
62小企業經營指南	鐘文訓編譯	100元
63商場致勝名言	鐘文訓編譯	150元
64迎接商業新時代	廖松濤編譯	100元
66新手股票投資入門	何朝乾　編	200元
67上揚股與下跌股	何朝乾編譯	180元
68股票速成學	何朝乾編譯	200元
69理財與股票投資策略	黃俊豪編著	180元
70黃金投資策略	黃俊豪編著	180元
71厚黑管理學	廖松濤編譯	180元
72股市致勝格言	呂梅莎編譯	180元
73透視西武集團	林谷燁編譯	150元
76巡迴行銷術	陳蒼杰譯	150元
77推銷的魔術	王嘉誠譯	120元
7860秒指導部屬	周蓮芬編譯	150元
79精鋭女推銷員特訓	李玉瓊編譯	130元
80企劃、提案、報告圖表的技巧	鄭　汶　譯	180元
81海外不動產投資	許達守編譯	150元
82八百件的世界策略	李玉瓊譯	150元
83服務業品質管理	吳宜芬譯	180元
84零庫存銷售	黃東謙編譯	150元
85三分鐘推銷管理	劉名揚編譯	150元
86推銷大王奮鬥史	原一平著	150元
87豐田汽車的生產管理	林谷燁編譯	150元

•成功寶庫•電腦編號02

①上班族交際術	江森滋著	100元
②拍馬屁訣竅	廖玉山編譯	110元
④聽話的藝術	歐陽輝編譯	110元
⑨求職轉業成功術	陳　義編著	110元
⑩上班族禮儀	廖玉山編著	120元
⑪接近心理學	李玉瓊編著	100元
⑫創造自信的新人生	廖松濤編著	120元
⑭上班族如何出人頭地	廖松濤編著	100元
⑮神奇瞬間瞑想法	廖松濤編譯	100元
⑯人生成功之鑰	楊意苓編著	150元
⑲給企業人的諍言	鐘文訓編著	120元
⑳企業家自律訓練法	陳　義編譯	100元
㉑上班族妖怪學	廖松濤編著	100元
㉒猶太人縱橫世界的奇蹟	孟佑政編著	110元
㉓訪問推銷術	黃静香編著	130元
㉕你是上班族中強者	嚴思圖編著	100元
㉖向失敗挑戰	黃静香編著	100元
㉙機智應對術	李玉瓊編著	130元
㉚成功頓悟100則	蕭京凌編譯	130元
㉛掌握好運100則	蕭京凌編譯	110元
㉜知性幽默	李玉瓊編譯	130元
㉝熟記對方絕招	黃静香編譯	100元
㉞男性成功秘訣	陳蒼杰編譯	130元
㊱業務員成功秘方	李玉瓊編著	120元
㊲察言觀色的技巧	劉華亭編著	180元
㊳一流領導力	施義彥編譯	120元
㊴一流說服力	李玉瓊編著	130元
㊵30秒鐘推銷術	廖松濤編譯	150元
㊶猶太成功商法	周蓮芬編譯	120元
㊷尖端時代行銷策略	陳蒼杰編著	100元
㊸顧客管理學	廖松濤編著	100元
㊹如何使對方說Yes	程　羲編著	150元
㊺如何提高工作效率	劉華亭編著	150元
㊼上班族口才學	楊鴻儒譯	120元
㊽上班族新鮮人須知	程　羲編著	120元
㊾如何左右逢源	程　羲編著	130元
㊿語言的心理戰	多湖輝著	130元
(51)扣人心弦演說術	劉名揚編著	120元

㊸如何增進記憶力、集中力	廖松濤譯	130元
㊺性惡企業管理學	陳蒼杰譯	130元
㊻自我啟發200招	楊鴻儒編著	150元
㊼做個傑出女職員	劉名揚編著	130元
㊽靈活的集團營運術	楊鴻儒編著	120元
㊿個案研究活用法	楊鴻儒編著	130元
61企業教育訓練遊戲	楊鴻儒編著	120元
62管理者的智慧	程　義編譯	130元
63做個佼佼管理者	馬筱莉編譯	130元
64智慧型說話技巧	沈永嘉編譯	130元
66活用佛學於經營	松濤弘道著	150元
67活用禪學於企業	柯素娥編譯	130元
68詭辯的智慧	沈永嘉編譯	150元
69幽默詭辯術	廖玉山編譯	150元
70拿破崙智慧箴言	柯素娥編譯	130元
71自我培育・超越	蕭京凌編譯	150元
74時間即一切	沈永嘉編譯	130元
75自我脫胎換骨	柯素娥譯	150元
76贏在起跑點—人才培育鐵則	楊鴻儒編譯	150元
77做一枚活棋	李玉瓊編譯	130元
78面試成功戰略	柯素娥編譯	130元
79自我介紹與社交禮儀	柯素娥編譯	150元
80說NO的技巧	廖玉山編譯	130元
81瞬間攻破心防法	廖玉山編譯	120元
82改變一生的名言	李玉瓊編譯	130元
83性格性向創前程	楊鴻儒編譯	130元
84訪問行銷新竅門	廖玉山編譯	150元
85無所不達的推銷話術	李玉瓊編譯	150元

・處 世 智 慧・電腦編號 03

①如何改變你自己	陸明編譯	120元
⑥靈感成功術	譚繼山編譯	80元
⑧扭轉一生的五分鐘	黃柏松編譯	100元
⑩現代人的詭計	林振輝譯	100元
⑫如何利用你的時間	蘇遠謀譯	80元
⑬口才必勝術	黃柏松編譯	120元
⑭女性的智慧	譚繼山編譯	90元
⑮如何突破孤獨	張文志編譯	80元
⑯人生的體驗	陸明編譯	80元
⑰微笑社交術	張芳明譯	90元

⑱幽默吹牛術	金子登著	90元
⑲攻心說服術	多湖輝著	100元
⑳當機立斷	陸明編譯	70元
㉑勝利者的戰略	宋恩臨編譯	80元
㉒如何交朋友	安紀芳編著	70元
㉓鬥智奇謀（諸葛孔明兵法）	陳炳崑著	70元
㉔慧心良言	亦　奇著	80元
㉕名家慧語	蔡逸鴻主編	90元
㉗稱霸者啟示金言	黃柏松編譯	90元
㉘如何發揮你的潛能	陸明編譯	90元
㉙女人身態語言學	李常傳譯	130元
㉚摸透女人心	張文志譯	90元
㉛現代戀愛秘訣	王家成譯	70元
㉜給女人的悄悄話	妮倩編譯	90元
㉞如何開拓快樂人生	陸明編譯	90元
㉟驚人時間活用法	鐘文訓譯	80元
㊱成功的捷徑	鐘文訓譯	70元
㊲幽默逗笑術	林振輝著	120元
㊳活用血型讀書法	陳炳崑譯	80元
㊴心　燈	葉于模著	100元
㊵當心受騙	林顯茂譯	90元
㊶心・體・命運	蘇燕謀譯	70元
㊷如何使頭腦更敏銳	陸明編譯	70元
㊸宮本武藏五輪書金言錄	宮本武藏著	100元
㊺勇者的智慧	黃柏松編譯	80元
㊼成熟的愛	林振輝譯	120元
㊽現代女性駕馭術	蔡德華著	90元
㊾禁忌遊戲	酒井潔著	90元
52摸透男人心	劉華亭編譯	80元
53如何達成願望	謝世輝著	90元
54創造奇蹟的「想念法」	謝世輝著	90元
55創造成功奇蹟	謝世輝著	90元
56男女幽默趣典	劉華亭譯	90元
57幻想與成功	廖松濤譯	80元
58反派角色的啟示	廖松濤編譯	70元
59現代女性須知	劉華亭編著	75元
61機智說話術	劉華亭編譯	100元
62如何突破內向	姜倩怡編譯	110元
64讀心術入門	王家成編譯	100元
65如何解除內心壓力	林美羽編著	110元
66取信於人的技巧	多湖輝著	110元

⑰如何培養堅強的自我	林美羽編著	90元
⑱自我能力的開拓	卓一凡編著	110元
⑳縱橫交涉術	嚴思圖編著	90元
㉑如何培養妳的魅力	劉文珊編著	90元
㉒魅力的力量	姜倩怡編著	90元
㉕個性膽怯者的成功術	廖松濤編譯	100元
㉖人性的光輝	文可式編著	90元
㉙培養靈敏頭腦秘訣	廖玉山編著	90元
⑳夜晚心理術	鄭秀美編譯	80元
㉛如何做個成熟的女性	李玉瓊編著	80元
㉜現代女性成功術	劉文珊編著	90元
㉝成功說話技巧	梁惠珠編譯	100元
㉞人生的真諦	鐘文訓編譯	100元
㉟妳是人見人愛的女孩	廖松濤編著	120元
㊲指尖・頭腦體操	蕭京凌編譯	90元
㊳電話應對禮儀	蕭京凌編著	120元
㊴自我表現的威力	廖松濤編譯	100元
㊵名人名語啟示錄	喬家楓編著	100元
㊶男與女的哲思	程鐘梅編譯	110元
㊷靈思慧語	牧　風著	110元
㊸心靈夜語	牧　風著	100元
㊹激盪腦力訓練	廖松濤編譯	100元
㊺三分鐘頭腦活性法	廖玉山編譯	110元
㊻星期一的智慧	廖玉山編譯	100元
㊼溝通說服術	賴文琇編譯	100元
㊽超速讀超記憶法	廖松濤編譯	140元

・健康與美容・電腦編號 04

③媚酒傳（中國王朝秘酒）	陸明主編	120元
④藥酒與健康果菜汁	成玉主編	150元
⑤中國回春健康術	蔡一藩著	100元
⑥奇蹟的斷食療法	蘇燕謀譯	110元
⑧健美食物法	陳炳崑譯	120元
⑨驚異的漢方療法	唐龍編著	90元
⑩不老強精食	唐龍編著	100元
⑫五分鐘跳繩健身法	蘇明達譯	100元
⑬睡眠健康法	王家成譯	80元
⑭你就是名醫	張芳明譯	90元
⑮如何保護你的眼睛	蘇燕謀譯	70元
⑲釋迦長壽健康法	譚繼山譯	90元

⑳腳部按摩健康法	譚繼山譯	120元
㉑自律健康法	蘇明達譯	90元
㉓身心保健座右銘	張仁福著	160元
㉔腦中風家庭看護與運動治療	林振輝譯	100元
㉕秘傳醫學人相術	成玉主編	120元
㉖導引術入門⑴治療慢性病	成玉主編	110元
㉗導引術入門⑵健康・美容	成玉主編	110元
㉘導引術入門⑶身心健康法	成玉主編	110元
㉙妙用靈藥・蘆薈	李常傳譯	150元
㉚萬病回春百科	吳通華著	150元
㉛初次懷孕的10個月	成玉編譯	130元
㉜中國秘傳氣功治百病	陳炳崑編譯	130元
㉟仙人長生不老學	陸明編譯	100元
㊱釋迦秘傳米粒刺激法	鐘文訓譯	120元
㊲痔・治療與預防	陸明編譯	130元
㊳自我防身絕技	陳炳崑編譯	120元
㊴運動不足時疲勞消除法	廖松濤譯	110元
㊵三溫暖健康法	鐘文訓編譯	90元
㊸維他命與健康	鐘文訓譯	150元
㊺森林浴—綠的健康法	劉華亭編譯	80元
㊼導引術入門⑷酒浴健康法	成玉主編	90元
㊽導引術入門⑸不老回春法	成玉主編	90元
㊾山白竹（劍竹）健康法	鐘文訓譯	90元
㊿解救你的心臟	鐘文訓編譯	100元
51牙齒保健法	廖玉山譯	90元
52超人氣功法	陸明編譯	110元
54借力的奇蹟⑴	力拔山著	100元
55借力的奇蹟⑵	力拔山著	100元
56五分鐘小睡健康法	呂添發撰	120元
57禿髮、白髮預防與治療	陳炳崑撰	120元
59艾草健康法	張汝明編譯	90元
60一分鐘健康診斷	蕭京凌編譯	90元
61念術入門	黃静香編譯	90元
62念術健康法	黃静香編譯	90元
63健身回春法	梁惠珠編譯	100元
64姿勢養生法	黃秀娟編譯	90元
65仙人瞑想法	鐘文訓譯	120元
66人蔘的神效	林慶旺譯	100元
67奇穴治百病	吳通華著	120元
68中國傳統健康法	靳海東著	100元
71酵素健康法	楊　皓編譯	120元

⑬腰痛預防與治療	五味雅吉著	130元
⑭如何預防心臟病・腦中風	譚定長等著	100元
⑮少女的生理秘密	蕭京凌譯	120元
⑯頭部按摩與針灸	楊鴻儒譯	100元
⑰雙極療術入門	林聖道著	100元
⑱氣功自療法	梁景蓮著	120元
⑲大蒜健康法	李玉瓊編譯	100元
㉑健胸美容秘訣	黃靜香譯	120元
㉒鍺奇蹟療效	林宏儒譯	120元
㉓三分鐘健身運動	廖玉山譯	120元
㉔尿療法的奇蹟	廖玉山譯	120元
㉕神奇的聚積療法	廖玉山譯	120元
㉖預防運動傷害伸展體操	楊鴻儒編譯	120元
㉘五日就能改變你	柯素娥譯	110元
㉙三分鐘氣功健康法	陳美華譯	120元
㉛道家氣功術	早島正雄著	130元
㉜氣功減肥術	早島正雄著	120元
㉝超能力氣功法	柯素娥譯	130元
㉞氣的瞑想法	早島正雄著	120元

•家庭／生活• 電腦編號 05

①單身女郎生活經驗談	廖玉山編著	100元
②血型・人際關係	黃靜編著	120元
③血型・妻子	黃靜編著	110元
④血型・丈夫	廖玉山編譯	130元
⑤血型・升學考試	沈永嘉編譯	120元
⑥血型・臉型・愛情	鐘文訓編譯	120元
⑦現代社交須知	廖松濤編譯	100元
⑧簡易家庭按摩	鐘文訓編譯	150元
⑨圖解家庭看護	廖玉山編譯	120元
⑩生男育女隨心所欲	岡正基編著	160元
⑪家庭急救治療法	鐘文訓編著	100元
⑫新孕婦體操	林曉鐘譯	120元
⑬從食物改變個性	廖玉山編譯	100元
⑭藥草的自然療法	東城百合子著	200元
⑮糙米菜食與健康料理	東城百合子著	180元
⑯現代人的婚姻危機	黃 靜編著	90元
⑰親子遊戲 0歲	林慶旺編譯	100元
⑱親子遊戲 1～2歲	林慶旺編譯	110元
⑲親子遊戲 3歲	林慶旺編譯	100元

⑳女性醫學新知	林曉鐘編譯	130元
㉑媽媽與嬰兒	張汝明編譯	180元
㉒生活智慧百科	黃　靜編譯	100元
㉓手相・健康・你	林曉鐘編譯	120元
㉔菜食與健康	張汝明編譯	110元
㉕家庭素食料理	陳東達著	140元
㉖性能力活用秘法	米開・尼里著	150元
㉗兩性之間	林慶旺編譯	120元
㉘性感經穴健康法	蕭京凌編譯	150元
㉙幼兒推拿健康法	蕭京凌編譯	100元
㉚談中國料理	丁秀山編著	100元
㉛舌技入門	增田豐　著	160元
㉜預防癌症的飲食法	黃靜香編譯	150元
㉝性與健康寶典	黃靜香編譯	180元
㉞正確避孕法	蕭京凌編譯	130元
㉟吃的更漂亮美容食譜	楊萬里著	120元
㊱圖解交際舞速成	鐘文訓編譯	150元
㊲觀相導引術	沈永嘉譯	130元
㊳初為人母12個月	陳義譯	180元
㊴圖解麻將入門	顧安行編譯	160元
㊵麻將必勝秘訣	石利夫編譯	160元
㊶女性一生與漢方	蕭京凌編譯	100元
㊷家電的使用與修護	鐘文訓編譯	160元
㊸錯誤的家庭醫療法	鐘文訓編譯	100元
㊹簡易防身術	陳慧珍編譯	130元
㊺茶健康法	鐘文訓編譯	130元
㊻雞尾酒大全	劉雪卿譯	180元
㊼生活的藝術	沈永嘉編著	120元
㊽雜草雜果健康法	沈永嘉編著	120元
㊾如何選擇理想妻子	荒谷慈著	110元
㊿如何選擇理想丈夫	荒谷慈著	110元
51中國食與性的智慧	根本光人著	150元
52開運法話	陳宏男譯	100元
53禪語經典＜上＞	平田精耕著	150元
54禪語經典＜下＞	平田精耕著	150元
55手掌按摩健康法	鐘文訓譯	180元
56脚底按摩健康法	鐘文訓譯	150元
57仙道運氣健身法	李玉瓊譯	150元
58健心、健體呼吸法	蕭京凌譯	120元
59自彊術入門	蕭京凌譯	120元
60指技入門	增田豐著	160元

㉑下半身鍛鍊法	增田豐著	180元
㉒表象式學舞法	黃靜香編譯	180元
㉓圖解家庭瑜伽	鐘文訓譯	130元
㉔食物治療寶典	黃靜香編譯	130元
㉕智障兒保育入門	楊鴻儒譯	130元
㉖自閉兒童指導入門	楊鴻儒譯	180元
㉗乳癌發現與治療	黃靜香譯	130元
㉘盆栽培養與欣賞	廖啟新編譯	180元
㉙世界手語入門	蕭京凌編譯	180元
⑩賽馬必勝法	李錦雀編譯	200元
⑪中藥健康粥	蕭京凌編譯	120元
⑫健康食品指南	劉文珊編譯	130元
⑬健康長壽飲食法	鐘文訓編譯	150元
⑭夜生活規則	增田豐著	160元
⑮自製家庭食品	鐘文訓編譯	200元
⑯仙道帝王招財術	廖玉山譯	130元
⑰「氣」的蓄財術	劉名揚譯	130元
⑱佛教健康法入門	劉名揚譯	130元
⑲男女健康醫學	郭汝蘭譯	150元
⑳成功的果樹培育法	張煌編譯	130元
81實用家庭菜園	孔翔儀編譯	130元
82氣與中國飲食法	柯素娥編譯	130元
83世界生活趣譚	林其英著	160元
84胎教二八〇天	鄭淑美譯	180元
85酒自己動手釀	柯素娥編著	160元
86自己動「手」健康法	手嶋昇著	160元
87香味活用法	森田洋子著	160元
88寰宇趣聞搜奇	林其英著	200元
89手指回旋健康法	栗田昌裕著	200元

•命理與預言• 電腦編號06

①星座算命術	張文志譯	120元
②中國式面相學入門	蕭京凌編著	180元
③圖解命運學	陸明編著	200元
④中國秘傳面相術	陳炳崑編著	110元
⑤13星座占星術	馬克•矢崎著	200元
⑥命名彙典	水雲居士編著	180元
⑦簡明紫微斗術命運學	唐龍編著	130元
⑧住宅風水吉凶判斷法	琪輝編譯	180元
⑨鬼谷算命秘術	鬼谷子著	150元

⑩密教開運咒法	中岡俊哉著	250元
⑪女性星魂術	岩滿羅門著	200元
⑫簡明四柱推命學	李常傳編譯	150元
⑬手相鑑定奧秘	高山東明著	200元
⑭簡易精確手相	高山東明著	200元
⑮啟示錄中的世界末日	蘇燕謀編譯	80元
⑯女巫的咒法	柯素娥譯	230元
⑰六星命運占卜學	馬文莉編著	230元
⑱樸克牌占卜入門	王家成譯	100元
⑲Ａ血型與十二生肖	鄒雲英編譯	90元
⑳Ｂ血型與十二生肖	鄒雲英編譯	90元
㉑Ｏ血型與十二生肖	鄒雲英編譯	100元
㉒ＡＢ血型與十二生肖	鄒雲英編譯	90元
㉓筆跡占卜學	周子敬著	220元
㉔神秘消失的人類	林達中譯	80元
㉕世界之謎與怪談	陳炳崑譯	80元
㉖符咒術入門	柳玉山人編	150元
㉗神奇的白符咒	柳玉山人編	160元
㉘神奇的紫符咒	柳玉山人編	200元
㉙秘咒魔法開運術	吳慧鈴編譯	180元
㉚諾米空秘咒法	馬克・矢崎著	220元
㉛改變命運的手相術	鐘文訓編著	120元
㉜黃帝手相占術	鮑黎明著	230元
㉝惡魔的咒法	杜美芳譯	230元
㉞脚相開運術	王瑞禎譯	130元
㉟面相開運術	許麗玲譯	150元
㊱房屋風水與運勢	邱震睿編譯	160元
㊲商店風水與運勢	邱震睿編譯	200元
㊳諸葛流天文遁甲	巫立華譯	150元
㊴聖帝五龍占術	廖玉山譯	180元
㊵萬能神算	張助馨編著	120元
㊶神祕的前世占卜	劉名揚譯	150元
㊷諸葛流奇門遁甲	巫立華譯	150元
㊸諸葛流四柱推命	巫立華譯	180元
㊹室內擺設創好運	小林祥晃著	200元
㊺室內裝潢開運法	小林祥晃著	230元
㊻新・大開運吉方位	小林祥晃著	200元
㊼風水的奧義	小林祥晃著	200元

・教養特輯・電腦編號07

①管教子女絕招	多湖輝著	70元
⑤如何教育幼兒	林振輝譯	80元
⑥看圖學英文	陳炳崑編著	90元
⑦關心孩子的眼睛	陸明編	70元
⑧如何生育優秀下一代	邱夢蕾編著	100元
⑩現代育兒指南	劉華亭編譯	90元
⑫如何培養自立的下一代	黃静香編譯	80元
⑭教養孩子的母親暗示法	多湖輝著	90元
⑮奇蹟教養法	鐘文訓編譯	90元
⑯慈父嚴母的時代	多湖輝著	90元
⑰如何發現問題兒童的才智	林慶旺譯	100元
⑱再見！夜尿症	黃静香編譯	90元
⑲育兒新智慧	黃静編譯	90元
⑳長子培育術	劉華亭編譯	80元
㉑親子運動遊戲	蕭京凌編譯	90元
㉒一分鐘刺激會話法	鐘文訓編著	90元
㉓啟發孩子讀書的興趣	李玉瓊編著	100元
㉔如何使孩子更聰明	黃静編著	100元
㉕３・４歲育兒寶典	黃静香編譯	100元
㉖一對一教育法	林振輝編譯	100元
㉗母親的七大過失	鐘文訓編譯	100元
㉘幼兒才能開發測驗	蕭京凌編譯	100元
㉙教養孩子的智慧之眼	黃静香編譯	100元
㉚如何創造天才兒童	林振輝編譯	90元
㉛如何使孩子數學滿點	林明嬋編著	100元

・消遣特輯・電腦編號08

①小動物飼養秘訣	徐道政譯	120元
②狗的飼養與訓練	張文志譯	130元
③四季釣魚法	釣朋會編	120元
④鴿的飼養與訓練	林振輝譯	120元
⑤金魚飼養法	鐘文訓編譯	130元
⑥熱帶魚飼養法	鐘文訓編譯	180元
⑧妙事多多	金家驊編譯	80元
⑨有趣的性知識	蘇燕謀編譯	100元
⑩圖解攝影技巧	譚繼山編譯	220元
⑪100種小鳥養育法	譚繼山編譯	200元

⑫樸克牌遊戲與贏牌秘訣	林振輝編譯	120元
⑬遊戲與餘興節目	廖松濤編著	100元
⑭樸克牌魔術・算命・遊戲	林振輝編譯	100元
⑯世界怪動物之謎	王家成譯	90元
⑰有趣智商測驗	譚繼山譯	120元
⑲絕妙電話遊戲	開心俱樂部著	80元
⑳透視超能力	廖玉山譯	90元
㉑戶外登山野營	劉青篁編譯	90元
㉒測驗你的智力	蕭京凌編著	90元
㉓有趣數字遊戲	廖玉山編著	90元
㉔巴士旅行遊戲	陳羲編著	110元
㉕快樂的生活常識	林泰彥編著	90元
㉖室內室外遊戲	蕭京凌編著	110元
㉗神奇的火柴棒測驗術	廖玉山編著	100元
㉘醫學趣味問答	陸明編譯	90元
㉙樸克牌單人遊戲	周蓮芬編譯	130元
㉚靈驗樸克牌占卜	周蓮芬編譯	120元
㉜性趣無窮	蕭京凌編譯	110元
㉝歡樂遊戲手册	張汝明編譯	100元
㉞美國技藝大全	程玫立編譯	100元
㉟聚會即興表演	高育強編譯	90元
㊱恐怖幽默	幽默選集編譯組	120元
㊲兩性幽默	幽默選集編譯組	100元
㊹藝術家幽默	幽默選集編譯組	100元
㊺旅遊幽默	幽默選集編譯組	100元
㊻投機幽默	幽默選集編譯組	100元
㊼異色幽默	幽默選集編譯組	100元
㊽青春幽默	幽默選集編譯組	100元
㊾焦點幽默	幽默選集編譯組	100元
㊿政治幽默	幽默選集編譯組	130元
51美國式幽默	幽默選集編譯組	130元

・語 文 特 輯・電腦編號 09

①日本話1000句速成	王復華編著	60元
②美國話1000句速成	吳銘編著	60元
③美國話1000句速成　附卡帶		220元
④日本話1000句速成　附卡帶		220元
⑤簡明日本話速成	陳炳崑編著	90元
⑳學會美式俚語會話	王嘉明著	220元

國家圖書館出版品預行編目資料

感性培育術/黃靜香編著
——初版，——臺北市，大展，民86
面；　　公分，——（社會人智囊；21）
ISBN 957-557-677-2（平裝）

1. 感覺

176.1　　86000823

感性培育術　　ISBN 957-557-677-2

編 著 者/ 黃　靜　香
發 行 人/ 蔡　森　明
出 版 者/ 大展出版社有限公司
社　　址/ 台北市北投區（石牌）致遠一路2段12巷1號
電　　話/ （02）8236031・8236033
傳　　真/ （02）8272069
郵政劃撥/ 0166955-1
登 記 證/ 局版臺業字第2171號
承 印 者/ 高星企業有限公司
裝　　訂/ 日新裝訂所
排 版 者/ 弘益電腦排版有限公司
初　　版/ 1997年（民86年）3月

定　價/ 180元

大展好書 好書大展

大展好書 好書大展